阐释学五辨

张江 著

中華書局

图书在版编目(CIP)数据

阐释学五辨/张江著. —北京:中华书局,2023.11
ISBN 978-7-101-16350-6

Ⅰ.阐…　Ⅱ.张…　Ⅲ.阐释学-研究　Ⅳ.B089.2

中国国家版本馆 CIP 数据核字(2023)第 178456 号

书　　名	阐释学五辨
著　　者	张　江
责任编辑	白爱虎
责任印制	管　斌
出版发行	中华书局 (北京市丰台区太平桥西里 38 号　100073) http://www.zhbc.com.cn E-mail:zhbc@zhbc.com.cn
印　　刷	三河市宏达印刷有限公司
版　　次	2023 年 11 月第 1 版 2023 年 11 月第 1 次印刷
规　　格	开本/850×1168 毫米　1/32 印张 7¼　插页 2　字数 180 千字
国际书号	ISBN 978-7-101-16350-6
定　　价	68.00 元

目　录

序

杨国荣

自建构中国自主知识体系的观念提出以后，告别模仿、自我做主等表述便一再出现。然而，大致而言，除了慷慨陈词之外，学界真正潜下心来从事创造性研究并致力于学术积累的，却并不多见。在这方面，张江先生对阐释学的“阐释”，无疑以言之成理、持之有故的建设性工作而独树一帜。尽管在其论著中没有很多字面的“吁请”和“主张”，但其建构中国当代阐释学的努力，却展现了值得关注的进路。

在现代哲学中，解释学或诠释学、释义学（Hermeneutics）无疑构成了重要的流派。经过海德格尔、伽达默尔、利科等哲学家的系统阐发，解释学已成为引人瞩目的显学，其影响所及，亦包括中国哲学，在中国学界中，建构“中国诠释学”的主张时有所闻，便表明了这一点。确实，哲学研究既涉及“源”（包括社会文化的背景），也关乎“流”（思想的衍化过程），从“流”的角度看，哲学的反思离不开对以往思想发展成果的回溯，而历史上的思想成果总是以文本为载体，文本的理解则需要解释或诠释。就此而言，解释学或诠释学有其不可忽视的意义，对后者也应当予以必要的关注。解释学提出的解释前见，注意到了已有知识结构在进一步的文本理解中的作用;其有关解释循环的观念,肯定了理解与存在之间的循环,这种循环呈现某种本体论的向度:海德格尔曾认为解释学循环体现了"此在自身的生存性前结构"(the existential fore-structure of Da-sein),①此种表述也以思辨的方式确认了理解过程与人的存在之间的互动。事实上,理解既是人把握世界的方式,又可以视为这种方式的具体运用。

然而,将西方的诠释学奉为圭臬,试图依照其形式建立中国的诠释学,则显然有依傍之弊,其主张似乎缺乏必要的批判意识。西方的诠释学源于圣经解释,其晚近的发展则与现象学相关,这一理论背景决定了它不仅难以避免思辨、抽象的趋向,而且与中国思想衍化的历史形态存在某种隔阂和差异,简单地迎合与复制,既与思想的创造性相悖,也因游离于相关的历史形态而无法获得现实的生命力。从其形成来看,文本或文献的形成总是与一定的文化背景、一定的民族、地域相联系,并呈现相应的空间性或地域性,文本的理解方式,不能无视这一前提。

从另一角度看,历史上包含创造性内容的文本或文献又具有普遍意义,后者使之同时构成了人类文化的共同思想资源。承认文本所具有的普遍意义,同时也意味着在面对历史文献的过程中,需要形成开放的视野。眼界的封闭,常常会对文本的理解带来多方面的限定,而视域的扩展,则有助于更深入地敞开其意义,思想史发展的过程,不断地昭示了这一点。广而言之,在沉潜于以往文本的过程中,往往可以具体了解以往的思想家如

①M. Heidegger, *Being and Time*, State University of New York Press, 1996, p. 143.

何提出问题、思考问题、解决问题的过程，由此提升解读者自身认识世界的能力。在面对以往文本之时，我们总是穿越历史的时空，与作为历史上重要的思想家的文本作者展开某种形式的对话。以往的思想家通过文本而提出后世需要面对的问题，这种问题同时又激发我们更为深入的思考。在这一过程中，解读者一方面可以领略以往思想家的心路历程，另一方面又与历史上的思想家形成思想的互动；文本的理解与观念的激荡在这里相互交融。

以往的文本同时具有价值的意义。包含多重思想资源的历史文本不仅提供了前人对世界和人自身的认知，而且包含着世界和人应该走向何方的价值观念。从逻辑的层面看，"世界是什么"与"世界应该成为什么"这两个问题，无法截然相分。同样，"何为人"与"成就何种人、如何成就人"，也相互关联。历史上的思想家对这些问题的思考，具体体现于他们所留下的思想文本中，通过解读和诠释这些内容，同时可以对其中蕴含的价值意识与规范内容获得某种理解。在接触以往文本并与作者对话时，我们常常如闻其声、如见其人，通过深切地领略其中的价值取向，同时也将进一步推进成己与成物的过程。

就观念的发展而言，以往的文本作为思想的沉淀，同时也为思想的进一步演进提供了前提。历史地看，人类思想的衍化，便是在这一过程中实现的：正是不同的历史文本的前后传承，使思想的延续和发展成为可能。这一过程在现在依然没有中断：以中国文化和思想而言，今天同样面临进一步发展和创造的问题。历史中的文本构成了思想与文化进一步演进的条件：任何时代的文化发展都不可能从无开始，而是需要以已往的发展成果作为出发点。蕴含于经典之中的思想内容，同时也由此成为今天生成中国思想新形态的重要思想资源。很多历史文本虽然已逾千年，但对于生活在现代的人来说，仍在不断展示其思想的魅力。作为历史智慧的沉淀和结晶，这些文本也为现时代文化发展与思想创作提供了不可或缺的背景。

以此为前提考察张江先生在阐释学方面的探索，可以进一步理解其意义。与简单地“依傍”西方解释学或诠释学不同，张江先生以“阐释学”这一概念，展示了思想的创造性：在哲学上，新的理论学说往往需要基于新的概念。这一思想系统特别强调了阐释的公共性，突出了文本阐释的普遍性之维。本书可以视为张江先生在“阐释学”方面工作的综合体现，通过对阐释学核心概念的深入辨析，这一著作也使“阐释学”以更系统、清晰的形态呈现出来。作为当代中国知识形态的自觉建构，本书首先基于中国传统文本中的文字的考证和疏解，以“阐释学”的关键词之一“阐”而言，作者的疏证不仅基于《说文解字》《说文解字注》等传统文本，而且广泛地参照了《十三经注疏》《汉书》《淮南鸿烈》《文心雕龙》《诗品》等古代文献，对过去较少留意的“阐”与“诠”之别做了细致考察，并由此分梳中国古代两条不同的阐释路线，这一论述体现了实证层面的切实性；同时，作者又注重中国传统思想的义理阐释，如从“主体间性”“目的观”出发分析和论述“阐释”思想，由此为阐释公共性的思想提供了内在理据，并呈现了深沉的理论意义。以上两个方面的结合，为“阐释学”奠定了中国的根基。此外，作者并未自限于地域或本土的立场，而是呈现较为宽广的理论视域，并对当代西方的解释学作了理论上的借鉴，在此意义上，该著作也具有某种范围中西而进退之的意义。

我与张江先生素未谋面，但通过他已发表的论文，对其研究工作和进路也有所了解，这一学术关联也许体现了中国传统文化所提出的"以文会友"。欣悉张江先生的相关论文将结集出版，特撰以上文字，以为序文。

让阐释学说汉语

从2014年提出“强制阐释论”算起，我进入阐释学研究领域已近十年。如果说“强制阐释论”是意图通过对当代西方文论生产方式的反思进入一般阐释学的思考，那么，真正使我具有阐释学理论建构自觉的，则是《“阐”“诠”辨》的研究和论文撰写。

无可否认，从学科意义上讲，现代阐释理论为“学”，其源头在西方，且主要源自德国。近现代以来，西方学界对阐释学的研究，大多沿着从施莱尔马赫到伽达默尔的思想路径而演进。西方阐释学传入中国，逐渐兴起的专业研究，主要是转述和模仿西方现成理论，其主要方式是，翻译和介绍西方阐释学。这是必要的。对新学科建设而言，此为不可逾越的历史过程。正是在这个过程中，我们开始关注和思考中国阐释学的自主建构。最初的思考点就是，阐释作为一种具有普遍意义的人文科学研究方法，除了西方既有的理论形态，是否可以还有其他不同的理论形态；由于文化和语言等方面的深刻差异，中国阐释学是不是还要走西方阐释学的老路。实际的状况是，经过多年学习和模仿，迄今为止，我们仍然没有建构起作为完备学科体系的中国阐释学。

想要突破困境,方向和出路在哪里?毫无疑问,中国本土阐释实践与经验是中国阐释学奋起出发的立足点。自古代、近代以至现代,绵延数千年的中华文化中蕴藏着丰富的阐释学思想资源。春秋以降,由阐释而展开的中国古代思想文化实践,积累了丰富的阐释经验。不同的阐释取向与理念,生成不同的阐释路线及方法,用之不竭的成果,提供无数构建本土阐释学的生动样本。如此,摆在我们面前的问题就是,深入挖掘、精心继承中国本土阐释学资源,努力实现创造性转化和创新性发展,建构具有中国风格、中国气派的当代阐释学。我们要让阐释学说汉语,以汉语的概念、范畴、命题、范式为核心和基础,建构起系统完备的当代中国阐释学,让说汉语的阐释学自立于世界阐释学之林。

开放是一种心态。在我看来,无论在哪里,无论什么时代,任何学科都不是既定的理论。在文明不断发展、思想不断进步的今天,阐释更是需要不断探索和丰富的精神方法与精神形态。世界各民族对阐释的理解与认知,会以本民族的文化与思想进步为基底,对阐释及阐释学的意义理解与认知,天然生有深刻差别。如此感触,源于我对西方阐释学理论的长久困惑而不得其解,转而向中国文化经典寻求出路的偶然机遇。五年前,在翻看《说文解字注》时,再次看到“阐,开也”的释义,宛如醍醐灌顶,感觉一下打开一个新的思考空间,找到了被我长久忽视的新的方向。这个方向就是,从汉语汉字的意义本源入手,重新审视有关阐释学的基本概念和命题,发掘潜藏于汉语汉字的思维方式背后的阐释学意蕴。沿着这个思路,我连续撰写了《“阐”“诠”辨》《“解”“释”辨》《“理”“性”辨》《“通”“达”辨》《“衍”“生”

辨》等文章，试图从我们的民族语言中找寻阐释学生发的契机路径。有时我会玄想，如果海德格尔、伽达默尔等世界阐释学大家在建构他们的理论学说时，能够知晓汉语言文字中“阐”“诠”“解”“释”等字词的本来蕴涵，能够寻知中国古代先贤对阐释的理解与体验，他们会作何反响？他们是否会赞成，汉字之“阐”抑或是能够最恰切反映 Hermeneutik 和 Hermeneutics 本来含义，说汉语的阐释学是否可以此为起点？

阐释，作为人类意识主体的精神行为，它是精神科学存在形态与生产方式。科学由意识主体对现象的独到观察和理解开始，通过表述和确证，生成自己的科学判断，交由理性和实践检验。理解是阐释的起点，表述和确证是阐释的展开，实践检验后的正确判断、命题以至原理是阐释的结果。精神科学以此形态存在并展开，铸就与其他精神行为完全不同存在形态，生产与价值同一的知识，推动人类文明进步。作为一种精神活动和精神形态，阐释融汇在无数先贤哲人求真、求善、求美的理论活动中，贯彻于每一个人的日常言行中，由此而构成和显现一个民族的精神基底。阐者为开，中华民族所秉持向外、向显、向明的一贯精神，刻画于字形与字音之中；打破封闭，警惕独断，协商天下，求共识于各方之心，以汉字符码昭示于世，以此为主旋律的中国阐释学当然会有自己独特的面貌。如此研究，既是对汉语表达潜能的探索，入门于本土阐释学的建构，也是对于我们自身精神边界的超越和突破。

阐释是语言的阐释。阐释的方法、目标、路径、标准等等，必然与阐释者所操用的民族语言密切相关。阐释是语言的阐释是一般提法。特殊地讲，阐释是民族语言的阐释，或曰母语的阐释。伽达默尔就曾指出："一般说来，语言能力只有在自己的母语中才能达到，亦即在人们生长和生活的地方所说的语言中才能达到。这就说明，我们是用母语的眼光学会看世界，反过来则可以说，我们语言能力的第一次扩展是在观看周围世界的时候才开始得到表现的。"①母语熔铸我们的思维方式，决定我们的阐释方式。阐释学作为学科，不以民族语言为基础，不能以民族语言为基础而有所发明和建构，其学科意义必然微弱。我们不否认可以有普遍意义的广义阐释学，但这种阐释学只能是容纳世界多民族一般阐释经验和规则的共性阐释学，对不同语言特别是不同语系所熔铸，具有鲜明语言特征的民族的、个性的阐释学而言，其指导与统辖作用有限。共性蕴含于个性之中。共性通过个性表现出来。具有民族特殊性的阐释学是一般阐释学的生成源头，是阐释可以为学的生命与根基。我们所追求建构中国阐释学的意义正在于此。

以汉语词义追寻为基础，建构本土阐释学，尽可显现汉语本身巨大的语言优势。相对于西方逻辑化的语言，富有象征意味的汉语对阐释学似乎有更直接的亲缘性。无论是词义的丰富性还是句式的多样性，汉语都具有恢宏容量。通过好的翻译，汉语可以精确表达其他任何语言的意义，但反之则不一定实现。至少很多中国古诗词本质上是不可译的，许多经典概念也很难精准地译为其他语言，所谓"不可言传"。汉语本身的巨大阐释潜

①汉斯-格奥尔格·伽达默尔著，洪汉鼎译：《诠释学》Ⅱ《真理与方法——补充和索引》，北京：商务印书馆，2010 年，第 6 页。

能，可为阐释学的当代建构提供概念和术语。但是，这至今没有引起阐释学研究者的充分重视。大家往往更多考虑如何将西方阐释学术语更加精确地译成汉语，这当然是必要的。但更重要的是，面对学科建设本身，从我们自身的语言中凝练出新的阐释学术语，从而真正实现当代阐释学的中国建构。我之所以选取"阐""诠""解""释""理""性""通""达""衍""生"等术语来进行研究，就在于这些术语不仅具有阐释学方法论意义，而且是构建当代中国阐释学的关键环节。更重要的是，这些基本概念的意义之间，具有鲜明的一致性，概念之间相互说明，相互支撑，互文互证。解是诠的基础，衍是阐的方式，阐衍由通而达，充满生命和意志诉求的理性，覆盖阐之全部过程。所谓系统、自洽的努力，由此可见一斑。

具体而言，"阐""诠""解""释"代表了阐释的不同方法和路径，在对 Hermeneutik（Hermeneutics）、interpretation 命名问题上，对于究竟是用"阐释学"还是"诠释学""解释学""释义学"，学界有不同意见，但大家立论的根据都在于对西方阐释学（Hermeneutik 或 Hermeneutics）的翻译是选用哪种译名更方便（当然，也有学者在同一篇文章中几个译法混用的），而几乎没有深入思考，从汉语语境和汉语言文化出发，辨析清楚哪种命名更符合阐释之阐的本来意义。在汉语的词义系统中，"阐"代表了公开性、公共性，其向外、向显、向明，坚持对话、协商之基本诉求，闪耀着当代阐释学思想开放之光。而"诠"之实、"诠"之细、"诠"之全与证，则面向事物本身，坚守由训而义与意，散发着求实精神之光，这是中国古代两条基本的阐释路线。而"解"为分,“诠”为正,“阐”乃衍。由“解”而“诠”,由“诠”而“阐”,方能实现阐之完整过程,达及阐之目的。由此可见,就阐释的最终目的而言,“阐”才是阐释的最终规定,“解”和“诠”都只是阐释之路上的一个环节,以“阐释”命名当代中国阐释学是确当的。

对于“理”与“性”的辨析展示了我们民族阐释的特质。阐释是理性的,但西方的理性与中国的理性有不同的含义。西方的理性更注重纯粹的逻辑思辨,中国的理性则当然带有生命性和实践性。中国之理,是实践理性之理,乃实践智慧的直观表达;中国古代之性,当为伦理之性。重中国“理”之本义,阐释由“性”而起,据“理”而顺,彰显“性”之本原;重西方“理”之本义,阐释由“理”而始,从分析而上手,呈综合之抽象。中西对理性的不同理解代表了处理语言的不同方式,从而形成不同的阐释道路。对语言逻辑功能的发挥在西方形成了强大的逻各斯传统,语言被认为是存在的家,依循语言的逻辑本能而探索个体性的精神世界。对语言的隐喻功能的展开在中国则形成了悠久的伦理传统,语言是维系道统之工具,开掘语言的隐喻本能而建构群体性的伦理社会。

“通”与“达”的辨析体现了对于阐释标准的厘定。“通”更重于过程,“达”更重于结果,“通”“达”包含的开放与澄明,融合与确证,追求在最终理解上的“共”与“同”,是中国阐释学的重要特征。相比较而言,西方阐释学对于阐释过程的表述是“阐释学循环”,而对于阐释结果的规定则是“视域融合”。“通”相较于“循环”、“达”相较于“融合”都具有更为普泛的包容性,“循环”是“通”之一种,“融合”为“达”之一种。“阐释学循环”与“视域融合”体现出了个体的精神超越之追求，而“通”与“达”则体现了社会文化建构之大境界。

“衍”与“生”的辨析展示了对于阐释方式的规定。“衍”是“阐”的方式，“阐”乃由“衍”而阐，“衍生”一词，在“阐宏使大”中蕴含“约束规范”之意，使阐释在扩张与守约之间找到平衡。不同于西方以“生产”作为阐的方式，“衍生”是有根且有方向有约束的。“生产”是时间性的，更强调个体的精神创造，而“衍生”则是空间性的，更注重伦理秩序的潜移默化。

从这些汉语阐释术语的提炼与分析中，可以清楚看到不同文化背景下“阐释”的不同风貌。没有自觉的文化意识，我们对西方阐释学的理解不可能深入。中西阐释学在各自的文化语境中恰恰成了一面映照对方的镜子，只有了解自我，才能更好了解别人。这是一种文化间的“阐释学循环”，是我们阐释学研究中必须予以充分重视的。同时，也应该指出，当代阐释学的中国建构并不是简单返回古代，简单地借用古代术语，而是结合时代精神和生活实践对其加以提炼和升华。生动的社会实践赋予人们对古代语言的理解以当代眼光。阐释学不应该只是书本上的学问，而是我们把握当代生活、凝练时代精神的有效工具。我们必须大力学习借鉴西方阐释学的优秀理论成果，但不是把它当作一种纯粹的理论形态，而是要恢复阐释学本身作为思想之源的根本追求，建构与时代精神相契合的新的阐释方式。

对我而言，“五辨”写作的更大收获，是逐步形成“训诂阐释学”建构的设想。“五辨”是文字训诂学的尝试，在此过程中，我尽力深入考察了中国古代训诂与义理的阐释学意义，区别了两者之间的不同追求，方式与方法的长处与短处。广义上说，训诂与义理皆为阐释，但却各有目标并因此而决定了方法，在阐释的不同阶段发生各自独特的作用。训诂由字词考证入手，把握本字本义，言文本之真相。训诂学立足于此，话语建构的确定性、可靠性强。训诂的弱势是，全力集中并停留于字与词之细化，因此而有释义离散及碎片化倾向。至于今天，在当代西方阐释学理念的冲击下，缺失应有的阐释能力，无法挺进人文学科特别是阐释学前沿。义理的优势是，开放、多元、创意取向积极，紧跟历史变化，集中义理创见，生产超越文本的阔大意义。其弱势是，对经典文本的阐释，轻视甚或放弃本义之识，无约束生产任意话语，其确证性、可靠性遭致怀疑。如此分析，让我认知，训诂可克服义理之弱势，为阐释打下牢固根基。义理可克服训诂之弱势，为训诂打开广阔空间。两者有机融合，各用所长，优势互补，训诂阐释学可立。如此愿景得以实现，训诂阐释学将以系统完备的新学科形态，位列人文领域，为文、史、哲等学科的交叉融合提供新示范，说汉语的阐释学也有一个新基点。

我还记得在德国与哈贝马斯先生对话的场景。这位当代西方哲学的宿耆在对话开始时曾若有不解地问我，阐释学在西方已经发展了很多年，涌现出了一批大师，构建了成熟的理论，在这种情况下，您为什么还要建构中国阐释学？当我以中国的“阐”字向他阐释了中国文化中蕴藏着的丰厚的阐释学意蕴后，他说：中国应当有自己的阐释学理论，这种阐释学理论也必然会为世界阐释学的发展做出贡献。

我的工作只是开始，希望能有更多的学者加入到当代中国阐释学的建构中来，将阐释学的研究和探索不是当作对一种既定的西方理论的解读，而是当作塑造我们民族思维方式的一个新的契机。在当代中国学者的不懈努力下，阐释学终将说汉语，也已经开始说汉语。但是，建构当代中国阐释学，不是为了取代西方阐释学，也不只是为了让阐释学说汉语，而是在借鉴西方阐释学积极成果的基础上，深入挖掘博大精深的中华文化蕴藏的丰富的阐释学思想资源并实现现代转化，建构当代中国阐释学和阐释论，使之成为中国自主知识体系的有机组成部分，为当代精神科学和自然科学的发展提供一种具有普遍意义的思维方式、研究范式和学术理念。

如是，自为序。

“阐”“诠”辨

《公共阐释论纲》(以下简称《论纲》)①发表后,引起各方关注。作为纲要性论述,仅能对核心要义作集中表达,其内涵及意旨尚待阐扬。由本文始,以《论纲》中所涉概念为主干,就相关问题依次展开讨论。

20世纪中叶以来,所谓“阐释”或“诠释”,已成为西方哲学、文学、历史学及其他诸多学科之核心话题,对阐释的研究早已独立成学,发展为当代学术之基础性学科。特别是经由胡塞尔、海德格尔、伽达默尔、保罗·利科等人的精心研究和深入阐述,阐释学确已成为几乎无处不议、无处不用之“显学”。20世纪80年代后,经由中国学者奋力开拓,西方阐释学的译介与研究也已广泛传播,同样成为中国学术界各方介入甚深乃至难以绕开的核心话题。毫无疑问,这是重要的学术进步,应该给予充分肯定。没有这个过程,我们无法以现代眼光认知和检视中国传统阐释学理论,也因此无法建立我们自己即当代中国的阐释学。但是,仅有西方研究是不够的。由于思维方式上的巨大差

①张江:《公共阐释论纲》,《学术研究》2017年第6期。

异，以西方理论和话语为中心，研究和建立本民族的阐释理论，无异沙上建塔。中国阐释学何以构建，起点与路径在哪里，方向与目标是什么，功能与价值如何实现，是我们必须面对和解决的迫切问题。我们必须坚持以中国话语为主干，以古典阐释学为资源，以当代西方阐释学为借鉴，假以对照、选择、确义，由概念起，而范畴、而命题、而图式，以至体系，最终实现传统阐释学观点、学说之现代转义，建立彰显中国概念、中国思维、中国理论的当代中国阐释学。

无论何种阐释，包括阐释对象和阐释本身，其根本载体和方式，均为语言或言语。对象为文本，自不待言，文本由文字而成，阐释由语或言而实现；对象为事物，一旦作为阐释之目标，首先要予对象以语或言表述之，再以语言解之、释之，然后完成阐释。无言无语，非阐释也。汉语言文字起源之初，勠力于象形。一字一词皆为整体图形，形即义，义即形，视之读之，其形其义共时共在于此。尤以公众共见之象为标志而明义，非隔、非臆、非折转，其公共性、共同性大开。此造字之法，从根本上影响汉语言民族之思维方式，使其呈现出重直观、重开放、重共享之特点。《论纲》谓阐释之公共性，乃阐释的本质特征，此为重要根据之一。

理解并承认阐释的公共性，是构建当代中国阐释学的重要起点。此其公共性，并非人之主观意愿所决定，而是阐释生成及存在之基本要素。阐释的公共性，由阐释主体及其间性而定位，由阐释之目的和标准而使然，由阐释行为的实际展开及衍生过程而主导。阐释之所以为阐释，就是因为它是公共的。任何放弃公共性的言说，不可谓阐释，最多可称私人理解，或未及实现的阐释。汉字“阐(闡)”及“诠(詮)”清晰蕴含此义。研究及立论于阐释之学,应重“阐”及“诠”之训诂。由此,我们从考据入手,追溯单音词“阐”与“诠”之本义及引申,汲取“阐”与“诠”之优长,坚持以“诠”为根据,以“阐”为目的,创建当代中国阐释学基本原理。兹论如下。

一、“阐”“诠”义考

《说文解字》为历代所尊奉,许慎对“阐”和“诠”,以及诸多与此联属之字,都有精到的说明和解注。我们先辨“阐(闡)”。

《说文·门部》:

> 阐,开也。从门(門),单声。《易》曰:“阐幽。”

此为原文。兹遵许说,从义、从形、从声,依次展开讨论。

先说本义。“阐”为“开(開)”。“开”为何意?《说文·门部》:“开,张也。”“张”为何意?段玉裁注:“张者,施弓弦也。门之开如弓之张。”①许氏更直接的表达是:“閞,古文。”段氏注:“一者,象门闭。从廾者,象手开门。”②这就是说,作为会意字的

①许慎撰,段玉裁注:《说文解字注》,上海:上海古籍出版社,1981年,第588页。

②许慎撰,段玉裁注:《说文解字注》,第588页。此处“闭”字,原就为“閉”,为会意字,在小篆中为两扇门中加上两条门闩,插上门闩为闭,拉开门闩为开。到楷书中门闩讹变为“才”,而“才”与“闭”毫无关系。(参见左民安:《细说汉字》,北京:九州出版社,2005年,第203页。)

“开(開)”,是双手对举打开门闩,意在开门。《史记·赵世家》:“主父开之。”司马贞《索隐》:“开,谓开门而纳之。”①由此可以确证,从许氏说,“阐”的本义为开,且为“开门”之“开”。《说文》中与“阐”同为“开”义者,还有“闿(闓)”“閜”“辟(闢)”“⿵門爲”。其中,《说文·门部》:“闿,开也。”段氏注:“本义为开门。”②《说文·门部》:“閜,大开也。”“辟(闢)”又谓“开”,且为“多开”。许氏云:“《虞书》曰:辟四门。”即《尚书·尧典》:“月正元日,舜格于文祖,询于四岳,辟四门,明四目,达四聪。”此处所谓“辟”不仅是开一门,且要开四门。孔传认为“辟四门”是要“开辟四方之门未开者,广致众贤”,“广视听于四方,使天下无壅塞”。③《汉书·梅福传》亦云:“博览兼听,谋及疏贱,令深者不隐,远者不塞。所谓‘辟四门,明四目’也。”④至于⿵門爲,《说文·门部》:“⿵門爲,辟门也。”更有意味的是,《说文》注明,“辟(闢)”的古形“⿵門𠬞”,同样是双手上举,意欲开门,更形象也更直观地表达了“开”之本义为洞开,为吸纳,为通达,为彰明。

其次说形。“阐”,“从门(門)”。这里的“从门(門)”是于部首之属说形。部首作为表意符码,具有鲜明的语义学旨归。遵照六书体系,将诸多同意符字纳于同一部首,其语义选择与定

---

①司马迁:《史记》,北京:中华书局,1959年,第1815页。

②许慎撰,段玉裁注:《说文解字注》,第588页。

③孔安国传,孔颖达等正义:《尚书正义》,载阮元校刻:《十三经注疏》,北京:中华书局,1980年,第130页。

④班固:《汉书》,北京:中华书局,1962年,第2922页。

位显明。“阐”谓“开”,“开”从“门(門)”,根据何在?我们理解,在相对简单的古代生活中,对人而言,最直观、最直接、最普遍的“开”,则首推开门。也就是说,只有对门而言,才有所谓的“开”。此由诸多与“开”字有关的古文字原形可证。接踵而来的问题是,古文字之“门(門)”又谓何意?据考证,共二义:其一为“闻”;其二为“问”。兹证如下。

关于“闻”,《说文·门部》:“门(門),闻也。从二户,象形。”段氏注:“闻者,谓外可闻于内,内可闻于外也。”①所谓“闻”,《说文·耳部》:“闻,知声也。”《大戴礼记·曾子疾病》:“君子尊其所闻。”王聘珍《解诂》引《说文》云:“闻,知闻也。”②《汉书·贾山传》“令闻不忘”,颜师古注:“闻,谓之声闻也。”③关于“问”,《广韵》释:“门,问也。”“闻”又与“问”通。曹植《与吴季重书》“往来数相闻”,吕向注:“闻,问也。”④《诗·葛藟》“亦莫我闻”,马瑞辰《毛诗传笺通释》:“闻、问古通用。”⑤由上可见,首义为“开”的“阐”,因部首归门,从而可引申为“闻”与“问”,且为开门之“闻”与“问”。

再次说声。《说文》“阐”,“单声”。“单”者,《说文》:“大也。”与“阐”同义。《玉篇·门部》和《广韵·狝韵》均释:“阐,

---

①许慎撰,段玉裁注:《说文解字注》,第587页。

②王聘珍撰,王文锦点校:《大戴礼记解诂》,北京:中华书局,1983年,第97页。

③班固:《汉书》,第2334、2335页。

④萧统编,李善等注:《六臣注文选》,北京:中华书局,1987年,第792页。

⑤马瑞辰撰,陈金生点校:《毛诗传笺通释》,北京:中华书局,1989年,第242页。

大也。”《慧琳音义》释“阐”为“亦大也”。同时,可以证明,与“单”声相关的,多字表有“厚”“广”“众”意。譬如:“僤”,有厚重意。《诗·桑柔》:“逢天僤怒。”《毛传》:“僤,厚也。”①“繟”,有宽绰意。《老子》七十三章:“繟然而善谋。”河上公注:“繟,宽也。”②“禅”,有广大意。《史记·秦始皇本纪》“禅梁父”,裴骃《集解》引服虔注:“禅,阐广土地也。”③“啴”,有众多意。《诗·崧高》:“徒御啴啴。”朱熹《集传》:“啴啴,众盛也。”④音近义通,因声求义。由此可断,“阐”取单声,意在贯注阐之“大”“广”“众”诸义。

现在可以言及“阐”的引申义。除去“开”之本义,“阐”还有诸多可从语源上证明其公共性之义项。《说文》释“阐”引《易》曰:“阐幽。”这里用的正是与“开(開)”有关的引申义。归而纳之,大致有以下几项:其一,“明”。《玉篇》阐,“明也”,源自《易·系辞下》:“夫《易》彰往而察来,而微显阐幽。”这是对“开”的引申,意明也。王弼《周易注》“丰之为义,阐弘微细”⑤,刘勰《文心雕龙·神思》“至精而后阐其妙”⑥,都可解为“明”意。其二,“启”。《广韵·昔韵》释“辟(闢)”为:“启也,开也。”

①毛亨传,郑玄笺,孔颖达正义:《毛诗正义》,载阮元校刻:《十三经注疏》,北京:中华书局,1980年,第559页。

②陈鼓应注译:《老子今注今译》,北京:商务印书馆,2003年,第326、327页。

③司马迁:《史记》,第242、243页。

④朱熹集注:《诗集传》,北京:中华书局,1958年,第213页。

⑤王弼、韩康伯注,孔颖达正义:《周易正义》,载阮元校刻:《十三经注疏》,北京:中华书局,1980年,第67页。

⑥刘勰:《文心雕龙》,上海:上海古籍出版社,2015年,第174页。

其三,“通”。《逸周书·程典》“德开”,孔晁注:“开,通。”①其四,“扬”。《慧琳音义》卷八十七“咸阐”注:“韩康伯注《周易》云:‘扬也。’”《希麟音义》卷三“开阐”注云:“《玉篇》亦开也,扬也。”由“阐”而构成的双音词也多表达其“开”“明”“扬”“弘”意。“阐明”,《北齐书·杜弼传》:“窃惟《道》《德》二经,阐明幽极。”②“阐弘”,《后汉书·谢夷吾传》:“阐弘道奥,同史苏、京房之伦。”③“阐发”,胡应麟《少室山房笔丛·九流绪论下》:“更互阐发,以竟一篇之义。”④“阐扬”,《晋书·孙楚传》:“制礼作乐,阐扬道化。”⑤此外,我们应该特别注意“阐教”与“阐化”的用意。如,谢灵运《宋武帝诔》:“制规作训,阐教修经。”⑥潘岳《为贾谧作赠陆机诗》:“粤有生民,伏羲始君。结绳阐化,八象成文。”⑦任昉《齐竟陵文宣王行状》:“辟玄闱以阐化。”⑧等等。

次辨“诠(詮)”。

《说文·言部》:

诠(詮),具也。从言,全声。

---

①黄怀信、张懋镕、田旭东:《逸周书汇校集注》,上海:上海古籍出版社,1995年,第180页。

②李百药:《北齐书》,北京:中华书局,1972年,第349页。

③范晔:《后汉书》,北京:中华书局,1965年,第2714页。

④胡应麟:《少室山房笔丛》,上海:上海书店出版社,2001年,第281页。

⑤房玄龄:《晋书》,北京:中华书局,1974年,第1543页。

⑥梅鼎祚编:《宋文纪》,见《景印文渊阁四库全书》第1398册,台北:台湾商务印书馆,1986年,第679页。

⑦萧统编:《文选》,北京:中华书局,1977年,第349页。

⑧萧统编:《文选》,第828页。

此亦原文。兹遵许说,从义、从形、从声,依次展开讨论。

先从义说。诠为“具”,“具”又何谓?《说文·収部》:“具,共置也。”本义为具备、具有。“具”的甲骨文为双手捧鼎(),以示具备。更多的是准备意,尤指准备饭菜,如《汉书·灌夫传》:“请语魏其具,将军旦日蚤临。”①“具”有“足”义,如张衡《东京赋》:“礼举仪具。”薛综注:“具,足也。”②“具”有开列义,如《宋史·梁克家传》:“上欣纳,因命条具风俗之弊。”③“具”有详悉义,如《书·伊训》“具训于蒙士”,蔡沈《集传》:“具,详悉也。”④“具”通“俱”,如《诗·行苇》:“莫远具尔。”郑玄笺:“具犹俱也。”⑤“具”亦通“皆”,如《诗·四月》:“百卉具腓。”郑玄笺:“具犹皆也。”⑥就“诠”的释义而言,《集韵·仙韵》:“诠,解喻也。”《慧琳音义》卷二“所诠”注,引《考声》释“诠”为“明也”,引《字书》释为“证也”,引《说文》释为“衡也”。同书卷三十“诠穷”注,引《考声》释“诠”为“证也”。同书卷五十“所诠”注,引《通俗文》云:“释言曰诠。”《广雅疏证·释诂》:“诠词者,承上文所发端,诠而绎之也。”钟嵘《诗品》:“一品之中,略以世代为

①班固:《汉书》,第2385页。

②萧统编:《文选》,第56页。

③脱脱等:《宋史》,北京:中华书局,1977年,第11812页。

④蔡沈注,钱宗武、钱忠弼整理:《书集传》,南京:凤凰出版社,2010年,第85页。

⑤毛亨传,郑玄笺,孔颖达正义:《毛诗正义》,载阮元校刻:《十三经注疏》,第534页。

⑥毛亨传,郑玄笺,孔颖达正义:《毛诗正义》,载阮元校刻:《十三经注疏》,第462页。

先后,不以优劣为诠次。”①

再从形说。诠(詮),“从言”。“言”有多意。一曰发言。《说文·言部》:“言,直言曰言,论难曰语。”《周礼·大司乐》注:“发端曰言,答述曰语。”②二曰发问。《周礼·春官·冢人》“及葬,言鸾车象人”,孙诒让《正义》引《广雅·释诂》:“言,问也。”③《礼记·曾子问》“召公言于周公”,孔颖达疏:“言,犹问也。”④三曰训诂。《大戴礼记·小辨》“士学顺辨言以遂志”,王聘珍《解诂》:“言,诂训言也。”⑤《释名》:“言,宣也。宣彼此之意也。”上述文献,表达了“诠”从“言”的意义,即有言,有问,有训,有宣且互宣之意,体现了“诠”之基本特性。但是,必须注意,“诠”之“言”与“问”亦有特别寓意,从诠释的意义上,必须明示。

一是,“言”为自言。《康熙字典》注“言”引《论语》“寝不言”句,释为:“自言曰言。”王力说:“在古代汉语里,‘言’是自动地跟人说话,‘语’则是指回答别人的问话,或是和人谈论一件事情,两者区别很清楚。”王力举证:《左传》僖公三十年“佚之狐言于郑伯曰”,为佚之狐主动向郑伯进言;宣公二年“叹而言

①钟嵘著,向长清注:《诗品注释》,济南:齐鲁书社,1986年,第16页。

②郑玄注,贾公彦疏:《周礼注疏》,载阮元校刻:《十三经注疏》,北京:中华书局,1980年,第787页。

③孙诒让著,汪少华整理:《周礼正义》,北京:中华书局,2015年,第2050、2051页。

④郑玄注,孔颖达疏:《礼记正义》,载阮元校刻:《十三经注疏》,北京:中华书局,1980年,第1401页。

⑤王聘珍撰,王文锦点校:《大戴礼记解诂》,第205页。

曰”,是自动慨叹。王力断言:“在先秦,‘语’字的‘告诉’这一意义,是‘言’字所不具备的。”①

二是,“言”为命令。《战国策·齐策四》:“制言者王也。”鲍彪注:“言,谓命令。”②《诗·彤弓》“受言藏之”,郑玄笺:“言者,谓王策命也。”③

三是,“言”为教令。《诗·抑》“慎尔出话”,毛传:“话,善言也。”郑玄笺:“言,谓教令也。”④这种上下之别、教受之别,亦体现于“问”。王引之《经义述闻·尔雅中·讯言也》引其父:“言非言语之言,乃言问之言。言,即问也。……《哀公问》曰:‘寡人愿有言,然冕而亲迎,不已重乎?’‘愿有言’,愿有问也。昭二十五年《左传》曰:叔孙氏之司马鬷戾,言于其众曰:‘若之何?’‘言于其众’,问于其众也。”⑤《读书杂志·汉书第九·贾谊传》:“臣闻圣主言问其臣。”⑥《礼记·曲礼上》:“凡为君使者,已受命,君言不宿于家。”

最后说声。诠,“全声。”《说文·入部》:“仝,完也。”段氏

---

①王力主编:《古代汉语》,北京:中华书局,2016年,第41、42页。按《论语·阳货》载阳货谓孔子曰:“来!予与尔言。”意即我与你言。以下三个“曰”,皆为阳货自问自答,无须孔子回应。言为“自言”明矣。

②诸祖耿编撰:《战国策集注汇考》,南京:凤凰出版社,2008年,第609、615页。

③毛亨传,郑玄笺,孔颖达正义:《毛诗正义》,载阮元校刻:《十三经注疏》,第421页。

④毛亨传,郑玄笺,孔颖达正义:《毛诗正义》,载阮元校刻:《十三经注疏》,第555页。

⑤王引之撰,马涛校点:《经义述闻》,上海:上海古籍出版社,2016年,第1645—1646页。

⑥王念孙:《读书杂志》,北京:中国书店,1985年,第71页。

注:“从工者如巧者之制造,必完好也。”①《战国策·秦策二》:“楚国不尚全乎?”高诱注:“全,空也。”②此释为“诠”定位。“言”“全”为诠,诠有完善、完好之追求。《说文·入部》:“纯玉曰全。”此释为喻,可有三解。一为纯。《周礼·考工记·玉人》:“天子用全。”郑玄注引郑司农:“全,纯色也。”③《墨子·明鬼下》:“牺牲之不全肥。”孙诒让《间诂》引毕沅云:“全,谓纯色,与‘牷’同。”④二为无瑕。《周礼·考工记·弓人》:“得此六材之全。”郑玄注:“全,无瑕病。”⑤三为备。《列子·天瑞》:“天地无全功。”张湛注:“全,犹备也。”⑥即完备、完全意。更突出的是,“全”与“诠”同有“具”意。《玉篇·入部》《广韵·仙韵》同注:“全,具也。”《荀子·正名》:“性之具也。”杨倞注:“具,全也。”⑦由此,“诠”“全”同义,诠,言全而已。“诠”取“全”声,还有一个重要根据。《说文·欠部》“欥”字下,段氏认为:“诠词者,凡诠解以为词。”⑧何谓“词”?《说文·司部》段氏注云:“意者,文字之义也;言者,文字之声也;词者,文字形声之合也。”⑨所谓诠,要对词作义、形、声的释,要全诠、全释。

①许慎撰,段玉裁注:《说文解字注》,第224页。
②诸祖耿编撰:《战国策集注汇考》,第208、215页。
③郑玄注,贾公彦疏:《周礼注疏》,载阮元校刻:《十三经注疏》,第922页。
④孙诒让撰,孙启治点校:《墨子间诂》,北京:中华书局,2001年,第231页。
⑤郑玄注,贾公彦疏:《周礼注疏》,载阮元校刻:《十三经注疏》,第935页。
⑥张湛:《列子注》,《诸子集成》第3册,北京:中华书局,1954年,第2页。
⑦王先谦撰,沈啸寰、王星贤点校:《荀子集解》,北京:中华书局,1988年,第428—429页。
⑧许慎撰,段玉裁注:《说文解字注》,第413页。
⑨许慎撰,段玉裁注:《说文解字注》,第430页。

“诠”的引申义，与“具”及诠释、解释有关的引申，首先，相符。《说文・言部》“诠”，段氏注：“诠，就也。就万物之指以言其征。事之所谓，道之所依也。”①《广韵・宥韵》释：“就，成也，迎也，即也。”更加集中地体现了所谓“诠”的核心追求。虽然段氏指为“皆引申义”，但其“成也”“迎也”“即也”，确与“诠”之本义以及方式、目标、追求相近。“迎”为顺迎意，“即”为相符意，突出对象对诠释的约束，诠释与对象所属意义之黏合关系彰显无疑。

其次，说明事理、真理。《淮南子・要略》：“《诠言》者，所以譬类人事之指，解喻治乱之体也，差择微言之眇，诠以至理之文。”②道明诠释事物本质、规律之本心。同书《兵略训》：“发必中铨，言必合数。”③《晋书・武陔传》：“文帝甚亲重之，数与诠论时人。”《音义》：“谓具说事理也。”④表达了完全一致的取向。

再次，由“诠”而结构的双音词，也多有强调其真、其正、其择序义。如“诠正”，为评定意。《晋书・卞壶传》：“亏损世教，不可以居人伦诠正之任。”⑤《说文》：“正，是也。从一。”《周礼・天官・宰夫》：“岁终，则令群吏正岁会。”郑玄注：“正，犹定也。”⑥《诗・文王有声》：“维龟正之。”朱熹《集传》：“正，决也。”⑦又如

---

①许慎撰，段玉裁注：《说文解字注》，第 93 页。

②刘文典撰，冯逸、乔华点校：《淮南鸿烈集解》，北京：中华书局，1989 年，第 704 页。

③刘文典撰，冯逸、乔华点校：《淮南鸿烈集解》，第 515 页。

④《康熙字典》，北京：中华书局，1958 年，第 1158 页。

⑤房玄龄：《晋书》，第 1869 页。

⑥郑玄注，贾公彦疏：《周礼注疏》，载阮元校刻：《十三经注疏》，第 656 页。

⑦朱熹集注：《诗集传》，第 189 页。

"诠注",王禹偁《谢赐御制逍遥咏秘藏诠表》:"念释老之多歧,于是诠注微言,咏歌至道。"①关于"注",《说文》释:"注,灌也。"《周礼·天官冢宰》贾公彦疏:"注者,于经之下自注己意,使经义可申,故云注也。"②

二、主体观辨

主体及主体间性之存在,乃阐释生成之基点。从"阐"与"诠"的考辨看,阐释总是由某个确定主体生成和发出的。阐释乃主体之阐释,更为主体间之互阐互释。中国古代阐释学之主体观念,乃清晰而牢固地立足于此,阐释之公共性亦因此成为可能。以下分别述之。

第一,阐释主体。何谓主体?根据康德的提法,主体谓自我,即能够按照自己的自由意志独立自主地作出决定并付诸行动的人。尽管中国古代并无与西学中"客体"相对应之"主体"(subject)术语,③但中国古代的"我",主要是指有自觉意识,并依自我意识行动的"我",应该有与康德所谓"主体"概念大致相

①王禹偁:《小畜集》,上海:商务印书馆,1937 年,第 294 页。

②郑玄注,贾公彦疏:《周礼注疏》,载阮元校刻:《十三经注疏》,第 639 页。

③《汉书·东方朔传》:"(接舆、箕子)使遇明王圣主……图画安危,揆度得失,上以安主体,下以便万民,则五帝三王之道可几而见也。"(班固:《汉书》,第 2871 页)此句中"主体"意指"君主的统治地位"。至近代,章炳麟《驳康有为论革命书》:"今日广西会党,则知己为主体,而西人为客体矣。"(章炳麟著,孙正容注:《驳康有为论革命书》,浙江师范学院政史系,1979 年,第 27 页)其中"客体"意指"次要的人或事物"(参见《汉语大词典》第 3 卷,上海:上海辞书出版社,2011 年,第 1451 页)。

同的意义。《说文·我部》:“我,施身自谓也。”“我”原本为象形字,标示为锯齿状的锋利兵器()。第一人称意义上的“我”,乃为其引申义。徐锴曰:“(我)所以从戈者,取戈自持也。”①由此证明了一条由象形兵器而游移流变为抽象主体概念的语义轨迹。

自中国古代起,“我”作为主体,即以自知和自省为标志,早可见于《礼记·礼器》:“我战则克。”郑玄注:“我,我知礼者也。”孔颖达疏:“我谓知礼者。”②对此,孔子和孟子给予明确辨析,从年龄、意识、自省三个维度厘清主体与非主体之界线。

其一,年龄。《礼记·曲礼》:“人生……二十曰弱冠。”意即年满二十、行过冠礼并被取“字”方为成年。《礼记·祭义》:“成人之道也。”郑玄注:“成人,既冠者。”③

其二,意识。主体的意识存在,是主体之为主体的根本。唯有识成人才可谓我,即主体。《尔雅·释诂》云:“身,我也。”《说文·我部》:“我,施身自谓也。”焦循《孟子正义》疏曰:“成人已往,男子年二十已上也。是时知识已开,故备知天下万事。我本自称之名,此我既指人之身,即指天下人人之身,故云普谓人。人有一身即人有一我。未冠或童昏不知,既冠则万事皆知矣。既知则有所行,故云常有所行矣。”④也就是说,“我”作为主体本义,是有意识、有知识的成人。昏昧无知之童,不可为主体。孟

①徐锴:《说文解字系传》,北京:中华书局,1987年,第248页。
②郑玄注,孔颖达疏:《礼记正义》,载阮元校刻:《十三经注疏》,第1434页。
③郑玄注,孔颖达疏:《礼记正义》,载阮元校刻:《十三经注疏》,第1594页。
④焦循撰,沈文倬点校:《孟子正义》,北京:中华书局,1987年,第883页。

子还有更突出自觉意识和主体自知的提法，明言非自觉意识者不可谓主体。《孟子·尽心上》：“行之而不著焉，习矣而不察焉，终身由之而不知其道者，众也。”也就是说，哪怕是已冠成人，如果没有自觉的意识，没有对己身行为意义之了解、之省察，也不可称“我”。这就从意识自觉、行为自觉的意义上定义了主体。

其三，自省。《孟子·尽心上》：“万物皆备于我矣，反身而诚，乐莫大焉。”东汉赵岐注：“物，事也。我，身也。普谓人为成人已往，皆备知天下万物，常有所行矣。诚者，实也。反自思其身所施行，能皆实而无虚，则乐莫大焉。”①由此可见，主体在，主体反思亦在，且以反思规定其行，现代主体概念之要义备矣。

我们再回到“阐”。“阐”为“开”，“开”之本义为双手开门，开门之手是阐者之手，乃“我”之手开门。开者或阐者感知并确定己身之存在，并以其理性支配的客观动作实现存在。双手开门，亦体现主体之精神追求，蕴含了客观动作与精神索求的一致性。阐之何以可能？首先是主体自在。没有主体之自在就没有阐释。正是主体之确切存在，提供了阐之初始可能。阐之所以展开，亦在于认识的主动性。此主动性，不仅是指主体对事物，包括对他在主体的主动认知，而且还指认识对认识自身的主动检省，也就是所谓反思。阐是认知后的输出，先有认知与理解，而后才有阐释。对主体已有的理解给予阐释，反思之义已蕴含其中。认识的主动性体现了认识的主体性，或者主体性认识，是一切阐释行为的基础。

---

①焦循撰，沈文倬点校：《孟子正义》，第882—883页。

"诠"亦如此。"诠"之本义为具、准备意，此为确切的主体动作。从"具"的原形分析，双手捧鼎之主体已在。从"言"之本义分析，无论言何，俱为人言。由段氏注所谓"诠词也"之"欥"看，"欥"由"曰"与"欠"相结合。关于"曰(曰)"，皇侃《论语义疏》引许氏《说文》云："开口吐舌，谓之曰为。"①关于"欠(欠)"，《说文·欠部》许慎释："象气所从人上出之形。"而"曰"者，《说文·曰部》："词也。"段氏注："词者，意内而言外也。有是意而有是言。"②其义，其形，实为吐舌之人曰人言，诠之主体自在。由此可以判断，在主体的确定性上，"阐""诠"之间无差别，主体意识强烈、明晰，且同为自觉主体。然，在主体之间的比较上，两者差别明显。"阐"之主体为普遍指向，任何人都有阐释的权力，阐释与阐释、阐者与阐者之间平等，无高低上下之分。"诠"之主体则有特别指向，言有上对下言，告有上对下告，且有命令意、教令意、强制意。所谓"制言者王也"，"臣闻圣主言问其臣"是也。在平等对话与交流的取向上，"阐"明显长于"诠"。

第二，主体间性。主体之存在，不仅因为客体的存在而在，同时，抑或更重要的，是因为他在主体的存在而在。中国古代亦无"主体间性"之术语，但春秋时期就有群己关系的讨论。许多人承认，"我"与"你"、"我"与"他"、"我"与广大人群相对，"我"才为"我"，"我"才具有意义，主体间性意识清晰。先秦典籍中，此类观点甚为常见。《论语·微子》孔子谓："鸟兽不可与同群，吾非斯人之徒与而谁与。"《荀子·王制》曰"君者，善群

①皇侃：《论语义疏》，北京：中华书局，2013 年，第 1 页。

②许慎撰，段玉裁注：《说文解字注》，第 202 页。

也”,“人生不能无群”。“能群”是人类维持生存之要件。古汉语中“我”与“吾”之区别亦为明证。《说文》“吾,我自称也”,简单化矣。在语言使用中,“我”与“吾”之区别可谓广大,其意深远。①《庄子》的“吾丧我”就是典型。追索庄子思想的基本线索,“吾丧我”的“吾”,乃就己而言,为单性个体之吾,即主体间性之外的本身。我,乃谓因人而言,是与他人共在之我,即主体间性之中的本身。吾本体的忘己忘物,超然自得,是且仅是吾本体弃我、忘我的结果。庄子如此主张彻底地忘我,更加深刻地证明,人世间的我是一种共在,共在之我不可摆脱。宋末元初赵德《四书笺义》释《孟子》“养吾浩然之气”曰:“吾我二字,学者多以为一义,殊不知就己而言则曰吾,因人而言则曰我。……盖言我者,不可以言吾;言吾者,不可以言我。……吾我互言,乃人己对待之称。”②类似表达如《楚辞·渔父》:“举世皆浊我独清,众人皆醉我独醒。”虽是悲怨之词,自恋之词,独我之词,然我与众人共存、共在之现实却无可回避。正因为有此共在,且在这共在中为其孤独,才有我,我才在。特别是段氏对“我,施身自谓也”的阐释:“不但云自谓而云施身自谓者,取施与我古为叠韵。施读施舍之施,谓用己厕于众中,而自称则为我也。”③如此,以“我”为标举,自觉于东汉主体间性意识,几可作语义学上的最后

①参见欧阳哲生编《胡适文集》第2册《胡适文存》,北京:北京大学出版社,2013年,第162—165页;参见严修《批判高本汉和胡适对吾我、尔汝的错误论点》,《人文杂志》1959年第2期。

②赵德:《四书笺义·补遗》,见丛书集成初编本,北京:中华书局,1985年,第366页。

③许慎撰,段玉裁注:《说文解字注》,第632页。

结论。中国古代重要典籍中的许多思想，也都以主体间性为逻辑起点而立。譬如“仁”。《说文·人部》：“仁，亲也。从人，从二。”造字之初就立足于协调人际关系，彰显儒家仁学出发于主体间性的立场。孔子曰“己欲立而立人，己欲达而达人”，主体间性之意蕴似近极致。墨子“兼相爱，交相利”，爱人若己，乃以主体间性为现实起点。

由此，我们回到“阐”，大致应有以下几层意义：其一，“阐”之本义为开，从“门”，且为未开之门。此可意味，阐之自身及其过程，从初始就是有障碍的。无论是主体之间的相互阐释，还是主体对文本及其他对象的阐释，皆有隔障。唯打开隔障，相互开放，构建合理之主体间性，阐释方为可能。

其二，“开”字原形已明示，阐释者是从内向外而开。此“开”，乃主动之开，自觉之开，表征阐之本身开放欲求。此动作暗示，阐释者清楚，个体阐释必须求之于公共承认，在争取公共承认之过程中确证自己。对此，《庄子·齐物论》“虽我亦成也”，成玄英疏：“我，众人也。”[①]就是极好证明。

其三，开门本为祛暗、祛晦，将己意明予对方，坦诚主体自身之识见，实现阐之向明、向显的公共追求。打开隔障而面对他人，将阐释之意义和价值置于主体间性中互质，充分证明“阐”之非个体、非自守、非独断意义。

其四，门既可为隔障，也可为通道。[②] 为阻为通，唯在相关

①王先谦撰，沈啸寰点校：《庄子集解》，北京：中华书局，1987年，第18页。
②《白虎通义》卷二《五祀》：“门，以闭藏自固也。”（陈立撰，吴则虞点校：《白虎通疏证》，北京：中华书局，1994年，第80页）

主体之价值选择。陶渊明《归去来兮辞》"门虽设而常关"是一种选择,意在息交绝游,自言自赏。《尚书·尧典》舜"辟四门"亦是一种选择,意在直面各方,明目达聪。毫无疑问,在阐之选项上,有古代先贤抉择于开放与开明,且奋力开门,祛隔去障,使阐成为可能,使阐面向公共。推门之主动内含忧虑,《论语·学而》孔子曰:"不患人之不己知,患不知人也。"此忧虑恰为构建主体间性之动力也。诠则不同。"诠"从"言",但有自言意。"言"有问意,"问"从"口","门"声。但问为门内发问。"问"的甲骨文字形为"問",乃门中之口,隔门相问。"问"与"闻"通,隔门相问相闻,无推门意,无祛障意。由此似可申明,诠之本义不在开放,不在间性,更重自守与封闭。在此意义上,我们择"阐"不择"诠"。

第三,在阐释学意义上,须认真对待主体性与主观性之关系。主观性是主体存在的核心因素。主体之存在,以生命与生理的物质存在为基础,但这不意味着有了生命,主体就当然存在。主观性在,更确切地说,人的主观能动性在,主体乃确在。对主观能动性的正确定位,有两个障碍。

其一,定势之影响。人之认识是有起点的。认识之发生非启于"白板",不同出身与教养,即所谓全部认知背景,开启了认识,同时结构着认识定势。认识主体性也正是由不同的定势及其作用所表达。定势是大量常规性、重复性认知长期积淀,并通过集体无意识而遗传形成。无定势,则无认识。但也恰是此种定势,极可能导致认识上的极端主观化。以个体定势为准,以一己私意强制阐释对象,让对象服从主观意愿,此乃阐释之大忌①,所谓“六经注我”是也。对此,朱子有言,一些貌似阐释儒家经典之人,“本要自说他一样道理,又恐不见信于人,偶然窥见圣人说处与己意合,便从头如此解将去”②,且“直以己意强置其中”③,“只借圣人言语做起头,便自把己意接说将去。”④

其二,主体性、主观性,尤认识之创造性,并非无约束之主观任意。面对事物之我,客观存在之物,不依我之主观意志而存在,不可“心外无物”⑤;施身于众人之中的我,不可以视众人若无,独我、专我。于前者,阐或诠之对象,独立于人的主观意志而客观存在。对阐释而言,文本的客观性自在,为书写者意图之载体,面对文本,承认和考证其本义是首要。⑥ 不可将己心强制于文本,以私意取代文本之义。于后者,文本书写者恒在于文本,对话,协商,相互理解,当是阐或诠之基本态度。对本义之发挥或借本义而重建,不可无拘无束,当有根据,且应明示如此扩张或歪

①参见张江:《强制阐释论》,《文学评论》2014 年第 6 期。

②黎靖德编,王星贤点校:《朱子语类》,北京:中华书局,1986 年,第 3258 页。

③朱熹:《晦庵先生朱文公文集》卷五十六,《四部丛刊初编 · 集部》第 179 册,上海:上海书店,1989 年,第 3 页。

④黎靖德编,王星贤点校:《朱子语类》,第 2811 页。

⑤王阳明谓:“你未看此花时,此花与汝心同归于寂。你来看此花时,则此花颜色一时明白起来。便知此花不在你的心外。”(《王阳明全集》,上海:上海古籍出版社,1992 年,第 108 页)这是否认花之客观存在。然而,我们认为,你看不看它,颜色照在。你关注它,你的主观意识升起;你不关注它,关于花的主观意识不在。阳明先生颠矣。文本如花。你不看它,它在,只是你不认识它。你看它,它自展开自己,诉说于你本义之义。像有一物,人从未用过,这物只是无用而已,却不能说它没有,不在,只可于价值论上言其意义而已。

⑥参见张江:《“意图”在不在场》,《社会科学战线》2016 年第 9 期。

曲,是阐者之意。如此方为正当,乃合阐释之伦理要求。《论语·子罕》:“子绝四——毋意,毋必,毋固,毋我。”此四毋,朱子训:“意,私意也。必,期必也。固,执滞也。我,私己也。”①文本中没有的,不可臆度;不可以己期必于本义;莫固守成规而约束创意;不可专以私己度矣。所谓阐释意义上的主体性与主观性,其进退当如此。至于阐和诠,在其具体实践中,各显其长短。大致而论,阐更重创,更重疑,更重主观能动性之广阔冲量。诠则更重实,更重守,更重客观验证之扎实可靠。经今古文学派之争就是两种阐释观之争。魏晋玄学、宋明理学标举于“阐”,两汉经学、清代汉学以“诠”为长。就汉学内部而言,皖派近阐,吴派近诠。当然,界线不是绝对的,但消息走漏,亦线索可辨。中国阐释史上持诠立阐、持阐守诠之大师、名说多矣,乃当今构建公共阐释说的导引与典范。

三、目的观辨

所谓目的观,指阐释之目的与标准。这里包含阐或诠立足何处,以何种方式展开自己,阐释之目的何在,以何标准检测目的之实现等诸多元阐释问题。对这些问题的正确选择与回答,确为构建和实现阐释公共性之必需。限于篇幅,仅讨论

①朱熹:《四书章句集注》,北京:中华书局,1983年,第109—110页。杨树达按:“意字与《先进》《卫灵公》二篇億字义同,皆为意度。毋意正《少仪》篇所谓毋测未至也。朱子训为私意,古训未之闻,殆未是也。”(杨树达:《论语疏证》,上海:上海古籍出版社,1986年,第213页)由是,我们取臆度义。文中未至之义,不可臆度也。

以下两个核心话题：面对共在主体，阐释是对话还是独断；面对客观事物，阐释之标的——目的与标准，阐与诠何者为先。

第一，对话还是独断。所谓对话，即主体间之平等交流与协商。正当之阐释，应以建构平等对话为目的，通过对话，实现交流，完成阐释。开放之立场与态度，承认与尊重共在主体之此在，使对话成为可能。正当的阐释目的，决定了对话与协商是阐释的基础和主要方式。中国古代诸多经典以对话方式或文体平和展开，与读者构成理解与阐释的共同体。譬如，儒家第一部语录体经典《论语》即是。古汉语中，"对"本身就是对话义。《说文·丵部》："对，应无方也。"《广韵·队韵》："对，答也。应也。"《诗·大雅·桑柔》："听言则对。"郑玄笺："对，答也。"①据称，"对话"一词最早见于唐刘长卿《题冤句宋少府厅留别》："对话堪息机，披文欲忘味。"②宋胡仔撰《苕溪渔隐丛话后集》卷二十二《邵康节》："自言：若至重疾，自不能支。其有小疾，有客对话，不自觉疾之去体也。"③朱子更是清晰，言读书与理解"如与古人对面说话，彼此对答，无一言一字不相肯可"。④

①毛亨传，郑玄笺，孔颖达正义：《毛诗正义》，载阮元校刻：《十三经注疏》，第560页。

②《刘随州集》，见丛书集成初编本，上海：商务印书馆，1937年，第76页。

③胡仔纂集，廖德明校点：《苕溪渔隐丛话后集》，北京：人民文学出版社，1962年，第160页。

④朱熹：《晦庵先生朱文公文集》卷六十二，《四部丛刊初编·集部》第180册，第5页。

所谓独断,即主体对客体的专断,包括主体视其他主体为客体,并以一己之意强制他人。单音字“独”,本身就有独断意。《庄子·人间世》:“回闻卫君,其年壮,其行独。”郭象注:“不与民同欲也。”①陆德明《释文》引崔譔云:“自专也。”②《荀子·臣道》:“故明主好同,而暗主好独。”杨倞注:“独谓自任其智。”③“独断”一词,最早见于题名周尸佼著《尸子》:“是则有赏,非则有罚,人君之所独断也。”《韩非子·孤愤》:“今大臣执柄独断,而上弗知收,是人主不明也。”晋干宝《晋纪总论》:“(高祖宣皇帝)神略独断,征伐四克,维御群后,大权在己。”④

从此线索,我们辨识“阐”与“诠”各自所含之意蕴。“阐”从“开”讲,有启义,有通义,有广大义,有吸纳义。“开”同“辟”,所谓“辟四门”,如前所引《汉书·梅福传》:“博览兼听,谋及疏贱,令深者不隐,远者不塞。”“开”有启义,杨树达谓“启”:“发人之蒙,开人之智,与启户事相类。”⑤《论语·述而》:“不愤不启,不悱不发。”何晏注引郑玄曰:“孔子与人言,必待其人心愤愤,口悱悱,乃后启发为说之。”⑥启发之本义即有对话、协商、引导意,而非强制、独断、一统意。阐有集聚人才意。所谓开,开门而纳之。通辟(闢),汉简有门中之双手并举,亦有门内之双人并立,对

①郭庆藩撰,王孝鱼点校:《庄子集释》,北京:中华书局,1961年,第132页。
②陆德明撰,黄焯断句:《经典释文》,北京:中华书局,1983年,第365页。
③王先谦撰,沈啸寰、王星贤点校:《荀子集解》,第251页。
④萧统编:《文选》,第688页。
⑤杨树达:《积微居小学述林》,北京:中华书局,1983年,第87页。
⑥何晏集解,刑昺疏:《论语注疏》,载阮元校刻:《十三经注疏》,北京:中华书局,1980年,第2482页。

话、交流、构建共享群体意凸显。①“阐”从“门”，“门”为“闻”。对阐释主体而言，有“闻”而后言，即以对方之言为对象，先闻其言，解而后阐，本是正当。“闖”字可作旁证。《说文·门部》：“闖，辟门也。《国语》曰：‘门而与之言。’”准此，阐之为阐，非自言，非独言，而重在交流、协商，闻后共言，其公共性倾向鲜明。

“诠”之本义不在此。“诠”从“言”，言有独言义。所谓“直言为言”，“发端为言”是也。此类言无须回答，且不期待回答，甚或以自言为诠。《论语》中此类用法颇多，诸多“子曰”有言而无对，且不需要对。“言”有命令义，如前引《战国策·齐策四》：“制言者王也。”鲍彪注：“言，谓命令。”“言”有问义，但此问非彼问，言问有上问下、君问臣之义，所谓“臣闻圣主言问其臣”是也。从“阐”与“诠”的词语组合上看，某些“诠”之组合凸显了“诠”本身的强制和评定意。最突出者为“诠正”。《晋书·卞壶传》：“亏损世教，不可以居人伦诠正之任。”②此言本义评定人才等级，似乎与诠释之本意甚远。但如此使用后，有明清几代学者将此用为诠释意义上的“正”。明程敏政撰《新安文献志》卷七十《程山长若庸传》注：“盖多未定之见，固有已觉其非而未暇诠

①有学者称，汉简中此字为错字。我们认为，从“闢”之本义认证，“闢”有招贤纳士意，所谓“宾于四门，四门穆穆”是也。汉简为门下二人，形象表达此意。而相背之人，我们理解，一可意有造字之美学诉求；二可理解为招贤纳士，不求贤者立场一致，可容相背相左之人，所谓“开辟四方之门未开者，广致众贤”，足见“闢”之弘大。

②房玄龄：《晋书》，第1869页。

正者,幸先生察其所以而终教之。”[①]清吴肃公撰《街南文集》卷十九《跋　书事》之《大观帖跋》(二):“王著之谬,予尝摘出,而兹亦已诠正之。”[②]清查慎行《苏诗补注》卷二十五:“施氏原注编入五月以后,似失次第,今诠正。”[③]以上三例可证,阐释或诠释意义上使用该词是确当的。如此,所谓“正”又为何意?《说文·正部》:“正,是也。从一,从止。”徐锴:“守一以止也。”[④]《周礼·天官·宰夫》:“岁终,则令群吏正岁会。”郑玄注:“正,犹定也。”[⑤]《诗·文王有声》:“维龟正之。”朱熹《集传》:“正,决也。”[⑥]如此从一、守一意,定也、决也意,充分表达了“诠”之阐释观,即以一己之意正定他者,无对等、无讨论、无协商,定于一尊之独断立场与意志明矣。然,“阐”无此搭配,无“阐正”一词。目前亦未见到“诠正”意义下的“阐正”组合的用法。[⑦] 由此,从阐释

①程敏政辑撰:《新安文献志》,合肥:黄山书社,2004 年,第 1726 页。
②《清代诗文集汇编》第 101 册,上海:上海古籍出版社,2010 年,第 115 页。
③查慎行补注:《苏诗补注》,见《景印文渊阁四库全书》第 1111 册,台北:台湾商务印书馆,1986 年,第 499 页。
④徐锴:《说文解字系传》,第 33 页。
⑤郑玄注,贾公彦疏:《周礼注疏》,载阮元校刻:《十三经注疏》,第 656 页。
⑥朱熹集注:《诗集传》,第 189 页。
⑦《汉语大词典》无“阐正”一词。唐代李庾《西都赋》:“横阁三重,阐正铅黄。”(姚铉编:《唐文粹》卷二,《四部丛刊初编·集部》第 317 册,上海:上海书店,1989 年,第 2 页)铅与黄,皆为古人点勘书籍、涂改字迹所用颜料,以铅黄比喻校勘文字的事。此处“阐正”非“诠释”意。《经籍考》有“祛疑阐正之难”(见嵇璜、曹仁虎:《钦定续文献通考》,见《景印文渊阁四库全书》第 630 册,台北:台湾商务印书馆,1986 年,第 61 页),由词法辨,此处“祛疑”“阐正”皆为动宾结构,为祛除疑问、阐释正学意,非定意、决意。

观上说，我们取“阐”对话、协商意，不取“诠”独断、强制意。

第二，目的与标准。所谓目的，乃诠或阐之行为所要达到或期望达到之目的；所谓标准，是衡定目的实现程度的相关度量。先从诠说起。前引《说文·言部》“诠”，段氏注：“诠，就也。就万物之指以言其征。事之所谓，道之所依也。”此言集中体现了诠的核心目的：以所诠之事物为根本，言征象，谓大道。所谓就者，《广韵·宥韵》：“迎也，即也。”何谓迎？《说文·辵部》：“迎，逢也。”面向，正对意。《孙膑兵法·地葆》：“绝水、迎陵、逆流。”《孔子家语·入官》：“不因其情，则民严而不迎。”唐李华《河南府参军厅壁记》：“如川决防，如竹迎刃。”①诠之于事物，以事物自身为对象，面向其事，正对其事，言其征，谓其道，非背逆于此，悬解妙物而言它。就文本诠释说，诠是文本之诠，诠以文本为据，诠解约束于所诠之文本，非弃文本而流言。承认并依据文本之客观性乃迎之要义。“即也”，可训“从”义。《易·屯》六三爻辞：“即鹿无虞。”焦循《章句》：“即，从也。”②可训“遂”义。《经传释词》卷八：“即，犹遂也。”③可训“是”义。《战国策·魏策四》：“即王有万乘之国。”鲍彪注：“即，犹是。”④由此，诠须符合对象之本征，从文本而言，依文本而释，为文本之是也，不可无约束而谬言。唯如此，为就、为成。“诠”“全”声，纯色、完备意。因声求义而知之，诠释之“诠”，有以文本或本文为

①董诰编：《全唐文》，北京：中华书局，1983年，第3209页。
②高亨：《周易古经今注》，北京：中华书局，1984年，第171页。
③王引之：《经传释词》，长沙：岳麓书社，1984年，第186页。
④诸祖耿编撰：《战国策集注汇考》，第1300、1303页。

中心,纯之又纯、全之又全地训诂和提炼文本意义之追索之义。所谓纯,通诂明道,确证本义也。《论语·子路》孔子曰:“必也正名乎。”《孟子·万章上》:“以意逆志。”戴震:“故训明则古经明,古经明则贤人圣人之理义明,而我心之所同然者乃因之而明。”①钱大昕:“笃志古学,研覃经训,由文字声音训诂而得义理之真。”②此类向往与追崇,中国古代诠释学纯之求也。完备者,可由戴震“十分之见”释之:“所谓十分之见,必征之古而靡不条贯,合诸道而不留余议,巨细毕究,本末兼察。”③由此而“差择微言之眇,诠以至理之文”(《淮南子·要略》)。所谓理者,《说文·玉部》:“理,治玉也。”段氏注:“凡天下一事一物必推其情至于无憾而后即安,是之谓天理,是之谓善治。”④由此,一条线索隐约可见:诠——全——纯(玉)——理——道,诠之本义与目的为是。一言以蔽之,解事物之本质,释人事之规律,阐幽而显微,言道,明道,为诠之目的。目的决定标准。诠之标准,大的方向讲,就是无歧义、可验证的确定性。

从汉代今古文学派各自的主张和方法看,前者更倾向于阐,后者更倾向于诠。古文学派意在全力申说和释证经典之原初意义,重训故,溯源流,释词解句,落实经典文意之确定性。尤乾嘉学派之治学主张,更是苦心追求诠必达到的确定性标准,不取开

---

①《戴东原集》卷十一,《四部丛刊初编·集部》第291册,上海:上海书店,1989年,第9—10页。

②《潜研堂文集》,陈文和主编:《嘉定钱大昕全集》,南京:江苏古籍出版社,1997年,第375页。

③《戴东原集》卷九,第9页。

④许慎撰,段玉裁注:《说文解字注》,第15页。

放、多元性阐释。针对“自晋代尚空虚，宋贤喜顿悟，笑问学为支离，弃注疏为糟粕，谈经之家，师心自用，乃以俚俗之言诠说经典”①之弊端，乾嘉学派主张返经汲古，穷经为上。穷经又以训诂为重，诠释经典字字必有考据，字字必须确凿，因为哪怕“有一字非其的解，则于所言之意必差，而道从此失”。② 诠，要出本义，出圣心，出大道，“发必中铨，言必合数”，且全且准，定于一尊，无歧义之疑的确定性，不可动摇。

阐则不然。阐当然是有目标的。阐如开，开如张，张谓弓弦之张，箭在弦上不得不发。但是，阐之目标，体也，意也，用也。其开放、包容之气象，使其目的及标准，与诠之差别大矣哉。《四库全书总目》中有涉及两者区别的重要提法，精准概括了此问题上阐与诠的基本差异：

> 其首先曰“讲”者，注释文句也；次曰“意”者，推阐大旨也。③
>
> 是编大旨，不主于训诂名物，而主于推求“诗意”。其推求“诗意”，又主于涵泳文句，得其美刺之志而止……然光地邃于经术，见理终深。其诠释，多能得“兴观群怨”之旨。④

①《潜研堂文集》，陈文和主编：《嘉定钱大昕全集》，第377页。

②《戴东原集》卷九，第11页。

③《易经儿说》[提要]，见纪昀等：《钦定四库全书总目》，北京：中华书局，1997年，第90页。

④《诗所》[提要]，见纪昀等：《钦定四库全书总目》，第207页。

由此释入,诠重诂,阐重意。前者微也,本也;后者弘也,开也。此说可视作对阐与诠的深刻辨析。从中国古代阐释学的源流看,老子“道常无名”,业已为阐开启气象。阐道、释道,皆因道常无名,而有百家争鸣。郭象注《庄子》,“寄言出意”①;王弼注《周易》,辨名析理。不作知识性训诂,不囿于字词解释,而尽力发扬思辨之精神,推阐文本整体隐含之形而上大旨,开创了一条不同于诠,即以训词诂字为归旨的阐释路线,在构建中国阐释学格局中独立一面。尤其是宋代文人的阐释观念,以理性批判为旗帜,对各类经典及正义之神圣与威权提出质疑,深刻影响中国阐释观念之构建。程颐曰:“学者要先会疑。”②陆九渊曰:“为学患无疑,疑则有进。”③欧阳修《策问十二首》更以疑经为主,其锋芒直指汉唐陋儒的知识主义,以勇决批判精神,构建具有鲜明方法论意义的阐释方式。然,凡事过犹不及,过则谬。怀疑批判当然重要,若脱离文本,颠倒文本与阐释之关系,以至以一己之意消解、替代文本,阐就走向反面。这恰恰是中国古代阐释学以诠为本,阐之不兴的重要原因。诚然,清代学者对魏晋、宋明阐释学之反动,所谓朴学大盛,是有其历史根据的。历史的经验应当汲取。从阐释的目的看,阐释为晦暗之文本祛蔽,为不明本意之人显幽,应以训诂为本,后有义理之辨,再为言道之说。如此阐诠之分,当代阐诠之抉,优先取诠,后复取阐。

---

①汤一介:《辨名析理:郭象注〈庄子〉的方法》,《中国社会科学》1998 年第 1 期。

②程颢、程颐撰,王孝鱼点校:《二程集》,北京:中华书局,1981 年,第 413 页。

③陆九渊著,钟哲点校:《陆九渊集》,北京:中华书局,1980 年,第 472 页。

作为旁证,辨析一个以阐为中心的双音词:“阐悟。”所谓“宋贤喜顿悟”之悟。此为“阐”之特有搭配,而“诠”则无。《说文·心部》:“悟,觉也。”同书《见部》:“觉,寤也。”同书《㝱部》:“寤,寐觉而有言曰寤。”由此,以今言直喻之,悟,梦言或对梦的痴阐而已。正因为如此,人可借寤屡成大事,乃至成帝。① 苏轼阐诗,竟也抬出作者托梦:“仆尝梦见一人,云是杜子美,谓仆‘世多误解予诗’。”(《记子美八阵图诗》②)借此抛出自己活参诗意之阐。然,阐释乃寐觉之言,任阐者臆想,是否仍可为阐?阐,居间说话也,要以意逆志,要争取公共承认,要辅以经典化人,靠寐觉,终失公信。诠,无此搭配,可观两种阐释观之差异。③

结 论

综上考辨,可断知,中国古代阐释史上,“阐释”之“阐”与

①《左传·哀公二十六年》:“得梦启,北首而寝于卢门之外,已为乌而集于其上。咮加于南门,尾加于桐门。曰:‘余梦美,必立。’”

②王文诰注,于宏明点校:《苏轼全集》第17册:长春:时代文艺出版社,2001年,第5007页。

③与“阐悟”近义的,是禅宗所主张的“禅悟”。禅宗鼓吹对佛教真理的理解为“心开悟解”,对佛经之文字无须考证认知,自有心解足矣。所谓“佛性之理,非关文字”(郭朋:《坛经校释》,北京:中华书局,1983年,第122页)。“我所说者,义语非文;众生说者,文语非义。”(《金刚三昧经》,见《大正新修大藏经》第9册,台北:新文丰出版公司,1983年,第371页)如此观念,对唐以后之阐释思想与方法产生重大影响。所谓“阐悟”应由此而来。

“诠释”之“诠”，各有极为深厚的哲学和历史渊源。比较而言，“阐”之公开性、公共性，决无疑义，其向外、向显、向明，坚持对话、协商之基本诉求，闪耀着当代阐释学前沿之光。“阐”之核心要义定位于此。“诠”之实、“诠”之细、“诠”之全与证，亦无疑义，其面向事物本身，坚守由训而义与意，散发着民族求实精神之光。“诠”之核心要义亦定位于此。中国古代从来就有两条差异深刻的阐释路线。一条由孔孟始，重训诂之“诠”；一条由老庄始，重意旨之“阐”。前者由两汉诸儒宗经正纬，至清初学者返经汲古，依文本，溯意图，诠之训诂索解，立信于世。所谓“以意逆志”是也。具有中国本色之阐释学根基于此。后者，经由两汉阴阳教化至魏晋、宋明辨明言理，“阐”之尚意顿悟，开放于今。所谓“诗无达诂”是也。具有中国本色之阐释学光大于此。两者各有其长，互容互合，为构建当代阐释学提供思想源泉与无尽动力。由此可以得出结论：“阐”尚意，“诠”据实，尚意与据实互为表里。“阐”必据实而大开，不违本真；“诠”须应时而释，不拘旧义。“阐”必据词而立意，由小学而阐大体；“诠”须不落于碎片，立大体而训小学。

“诠，具也”，具以未来阐释学之坚实基础。“阐，开也”，启阐释学未来之宽广道路。

阐诠学之纲，明矣。

（原载《哲学研究》2017 年第 12 期）

“解”“释”辨

“解释”，当代语义学上的一般理解与使用，大抵为“解答”“释义”“说明”“祛疑”等义。在阐释或诠释学语境下，“解释”经常与“阐释”“诠释”“释义”等词语同义使用。对英文 interpretation 及德文 Erklären，不加严格区别，随意译作阐释、诠释、解释，是比较普遍的现象。但是，深入考查“解释”义，特别是作为单音字的“解”与“释”的本义，并与“阐”及“诠”的意义与使用相比较，我们认为，选择并确定以“阐释学”——而非“诠释学”，更非“解释学”——为当代中国阐释学总称谓，是必要且充分的。从古代文字发生学入手，以原始字形之追索为方法，厘清中国古代阐释学之构建路径，可为当代中国阐释学总体构建提供可靠的文字学根据。

一、“解”义

《说文·角部》：“解，判也。从刀判牛角。”中国古代有关阐释学称谓诸字中，“阐”“诠”“解”“释”四字，“解”最为古老。武丁时期甲骨文中，就有象形兼会意的字。对此“解”字，蒋善国“谓手执刀解割牲体之象形也”；马叙伦“谓如嚣文从又持刀以判牛。此图语也。会意之文由此出”。[①]“解”字创造之始，在商周卜辞之中为何义，按徐中舒说，“义不明”[②]。《尔雅·释兽第十八》：“麢：牡，麌；牝，麜；其子，麆；其迹，解。”释獐之爪迹为“解”。[③]然，其形多经变化，至于何时生出与“释”相关之义，尚无考察。但在先秦两汉典籍，尤其是许慎《说文》中，乃有定义。此后，多经引申，其意繁复。然判与分，乃为解之本义，须明察。

“解”为分，“庖丁为文惠君解牛”（《庄子·养生主》）是也。何为“判”？“判，分也。从刀，半声。”（《说文·刀部》）何为“分”？“分，别也。从八，从刀，刀以分别物也。”（《说文·刀部》）何为“别”？“别，解也。”（《集韵·薛韵》）以上四注，由“解”而“判”，“判”而“分”，“分”而“别”，最终归于“解”，连续证明，持刀而判，分解对象，乃“解”之核心与本质。“解”为“判”与“分”，古代典籍用例甚多。《文选》卷三七孔融《荐祢衡表》“解疑释结”李周翰注：“解，判。”[④]《资治通鉴·梁纪十七》：“景又请遣了事舍人出相领解。”胡三省注：

①李圃、郑明主编：《古文字释要》，上海：上海教育出版社，2010年，第455页。

②徐中舒主编：《甲骨文字典》卷四，成都：四川辞书出版社，1988年，第481页。

③马叙伦释“辵”曰：“盖‘迹’之初文……足在道路之中为迹者。古无足衣。出户则足着土而有迹也。”马叙伦：《说文解字六书疏证》卷四，上海：上海书店，1985年，第5—6页。

④萧统编，李善等注：《六臣注文选》，载《景印文渊阁四库全书》第1331册，台北：台湾商务印书馆，2008年，第2页。

“解，分判也。”①《礼记章句》卷一八：“解，判也。喻善问者因言以知意。”②“解”为“分”，《左传·宣公四年》：“宰夫将解鼋。”《战国策·秦策三》：“卒支解。”《后汉书·寇徇传》：“今日朕分之。”李贤注：“分，犹解也。”③其余如，“判”为“分”：《左传·庄公三年》：“纪于是乎始判。”杜预注：“判，分也。”④“分”为“别”：《淮南子·修务训》“分白黑”，高诱注：“分别白黑。”⑤“别”为“解”：尹焞《和靖集》卷五《师说上》：“先生曰：此一段，孟子别解得分明。”⑥准此，可以结论，以刀而判、而分、而别，乃“解”之主义。无论如何引申与发挥，分而解之，分而别之，乃“解”要义也。由此识解，大局定矣。

“解”，亦有其他各义。与阐释学有关的胪列如下。

一曰，“释”与“说”。此乃通常意义下，“解”的标准用义。《玉篇·角部》：“解，释也。”《汉书·公孙刘田王杨蔡陈郑传赞》：“巨儒宿学不能自解。”颜师古注：“解，释也。”⑦《仪礼·大射仪》：“司马正命退楅解纲。”郑玄注：“解，犹释也。”⑧《资治通

①司马光：《资治通鉴》，北京：中华书局，2012年，第5079—5080页。

②王夫之：《船山全书》第4册，长沙：岳麓书社，2011年，第883页。

③范晔：《后汉书》，第623、624页。

④杜预注，孔颖达疏：《春秋左传正义》，载阮元校刻：《十三经注疏》，北京：中华书局，1980年，第1763页。

⑤何宁：《淮南子集释》，北京：中华书局，1998年，第1345页。

⑥尹焞：《和靖集》，载《景印文渊阁四库全书》第1136册，台北：台湾商务印书馆，2008年，第37页。

⑦班固：《汉书》，第2903、2904页。

⑧郑玄注，贾公彦疏：《仪礼注疏》，载阮元校刻：《十三经注疏》，北京：中华书局，1980年，第1042页。

鉴·后汉纪四》“此非辞说之所能解”，胡三省注：“解……释也，说也。”①由此，“解”被引申为“分析”义。《礼记·经解》篇题下孔颖达疏引皇氏云：“解者，分析之名。”②与“释”义直接相关的，是“说”义。《广雅·释诂三》：“解，说也。”《荀子·非十二子》“闭约而无解”，杨倞注：“解，说也。”③《资治通鉴·唐纪十一》：“我不知其解何也。”胡三省注：“解，犹说也。”④作“解说”义亦有，《史记·吕太后本纪》“君知其解乎”，张守节《正义》：“解……谓解说也。”⑤《汉书·高祖吕皇后传》“君知其解未”，颜师古注：“解，犹解说其意。”⑥《汉书·淮南王安传》“内史以出为解”，颜师古注：“解者，解说也。若今言分疏矣。”⑦从其他搭配看，阐释学中多用之词，如“解诂”，义为“用今言释古语”。《后汉书·贾逵传》：“并作《周官解故》。”⑧“解析”，《宋史·孙奭传》：“有从奭问经者，奭为解析微指，人人惊服。”⑨“解”作“释”义，有正确和错误之别。如“曲解”：《广韵·卦韵》：“解，曲解。”如“误解”：“昔人谓误解《本草》，为生人之祸，今《葬》术岂轻于《本草》？”⑩

---

①司马光：《资治通鉴》，第9562页。
②郑玄注，孔颖达疏：《礼记正义》，载阮元校刻：《十三经注疏》，第1609页。
③王先谦撰，沈啸寰、王星贤点校：《荀子集解》，第94页。
④司马光：《资治通鉴》，第6249页。
⑤司马迁：《史记》，第399页。
⑥班固：《汉书》，第3939页。
⑦班固：《汉书》，第2151、2152页。
⑧范晔：《后汉书》，第1239页。
⑨脱脱等：《宋史》，第12801页。
⑩郑谧注释：《地理葬书集注》附录赵汸：《葬书问对·问对八》，明弘治十二年刻本，北京：全国图书馆文献缩微复制中心。

"释"与"说",乃"解释"与"解说"义,本身就有阐释、诠释之诉求,尤其是"解析",由"解"而衍生"析"义,亦为"以斤破木"(《说文·木部》)。将"解"之本义发挥至极。

二曰,"开"与"除"。此为"解开"和"除去"之义。《慧琳音义》卷六八"锯解"注引《考声》释"解"为"开也"。《大戴礼记·夏小正》"言解蛰也",王聘珍《解诂》:"解……犹开也。"①《后汉书·任李万邳刘耿列传赞》"严城解扉",李贤注:"解,犹开也。"②所言极明,"解"之"开",重在把束缚的、系住的物件打开义。诸多与"解"搭配之词,如"解开",《老子·二十七章》"善结,无绳约而不可解",《吕氏春秋·君守》"有巧者皆来解闭"是也。"解"为"除"。《广韵·卦韵》《集韵·卦韵》同释:"解,除也。"《楚辞·九章·悲回风》"居戚戚而不可解",洪兴祖补注:"解,除也。"③《资治通鉴·汉纪二十五》"数祷祠解",胡三省注:"解……释除也。"④在此意义上讲,"解"可为"分"、为"散"义。其搭配如:"解体",《逸周书·史记解》:"群臣解体。"潘振注:"解体,解散支体,喻离心也。"⑤"解脱",王维《为幹和尚进注仁王经表》"了言说即解脱者",赵殿成笺注引《涅槃经》:"无烦恼故,名为解

---

①王聘珍撰,王文锦点校:《大戴礼记解诂》,第26页。

②范晔:《后汉书》,第766页。

③洪兴祖:《楚辞补注》,载《丛书集成初编》第1813册,北京:中华书局,1985年,第122页。

④司马光:《资治通鉴》,第1099页。

⑤黄怀信等:《逸周书汇校集注》,上海:上海古籍出版社,2007年,第966页。

脱。”[①]“解散”,《文心雕龙·序志》:“去圣久远,文体解散。”[②]皆此意也。“开”与“除”互训。《玉篇·阜部》:“除,开也。”《吕氏春秋·去宥》:“以为奸人除路。”高诱注:“除,犹开通也。”[③]“除”,同“治”也。《逸周书·文酌解》“除戎咎丑”,朱右曾《集训校释》:“除,治也。”[④]《易·萃·象传》:“君子以除戎器。”孔颖达疏:“除者,治也。”[⑤]《大戴礼记·夏小正》“急除田也”,王聘珍《解诂》:“除犹修治也。”[⑥]“开”与“除”及“治”,与阐释学关联甚密。“开”有“解开疑惑”之义;“除”有“排除不解”之义。“治”与“理性”之“理”本义同,“理,治玉也”。与“阐释”之“阐”联系深刻。[⑦]

三曰,“晓”与“达”。“解”作“晓”讲,谓“通晓”。《慧琳音义》卷六二“解擘”及《广韵·蟹韵》:“解,晓也。”《资治通鉴·汉纪四十九》“明解朝章”,胡三省注:“解……晓也。”[⑧]“解”为“晓”讲,可与“理解”同义。《说文·日部》:“晓,明也。”诸葛亮

①王维著,赵殿成笺注:《王右丞集笺注》,上海:上海古籍出版社,1961年,第308、309页。

②刘勰:《文心雕龙》,第286页。

③吕不韦著,陈奇猷校释:《吕氏春秋新校释》,上海:上海古籍出版社,2002年,第1023、1027页。

④黄怀信等:《逸周书汇校集注》,第63页。

⑤王弼、韩康伯注,孔颖达正义:《周易正义》,载阮元校刻:《十三经注疏》,第58页。

⑥王聘珍撰,王文锦点校:《大戴礼记解诂》,第27页。

⑦参见张江:《“阐”“诠”辨——阐释的公共性讨论之一》,《哲学研究》2017年第12期。

⑧司马光:《资治通鉴》,第1867页。

《出师表》“晓畅军事”，刘良注：“晓，明。”①《玉篇·日部》：“晓，知也。”《论衡·解除》：“胡越之人，耳口相类，心意相似，对口交耳而谈，尚不相解。”②此“解”可为“知”也。“解”作“达”讲，谓“通达”。《荀子·正论》：“夫今子宋子不能解人之恶侮。”杨倞注：“解，达也。”③《淮南子·原道训》“一之解”，高诱注：“解，达也。”④“解”作“达”，可作“通达事理”讲。《论语·雍也》“赐也达”，朱熹《集注》：“达，通事理。”⑤或谓“由此而达彼”。《孟子·尽心上》“不成章不达”，朱熹《集注》：“达者，足于此而通于彼也。”⑥由此，“解”引申为“见解”。《南史·张融传》：“融玄义无师法，而神解过人。”⑦亦引申为“悟”。《庄子·天地》“大惑者终身不解”，成玄英疏：“解，悟也。”⑧《文选》卷五九王简栖《头陀寺碑文》“悟太极之致”，李善注引《声类》曰：“悟心曰解。”⑨“解”为“晓”与“达”，一曰“明己”，即理解。二曰“达人”，即以解为手段，将己之理解明达于人。《论语·雍也》：“己欲达而达人。”刘宝楠《正义》：“‘达’，谓道

①萧统编，李善等注：《六臣注文选》，载《景印文渊阁四库全书》第1331册，第4页。
②黄晖：《论衡校释》，北京：中华书局，1990年，第1045页。
③王先谦撰，沈啸寰、王星贤点校：《荀子集解》，第341页。
④何宁：《淮南子集释》，第60页。
⑤朱熹：《论语集注》，载《四书章句集注》，第86页。
⑥朱熹：《孟子集注》，载《四书章句集注》，第356页。
⑦李延寿：《南史》，北京：中华书局，1975年，第837页。
⑧郭庆藩撰，王孝鱼点校：《庄子集释》，第447、449页。
⑨萧统编，李善等注：《六臣注文选》，载《景印文渊阁四库全书》第1331册，第520页。

可行诸人也。”①此意对阐释之执行尤为重要。阐释之本质是将现象之道理或本质释之于人,说服人,争取人,乃阐之根本。“解”为“达”讲,符合阐之目的。

二、“释”义

《说文·釆部》:“释,解也。从釆,取其分别物。从睪声。”“释”,亦单音字,动词,独立用。目前发现的甲骨文中无此字。但“釆”与“睪”分解,可见“釆”之甲骨文形。“釆”为何意?《说文·釆部》:“釆,辨别也。象兽指爪分别也。”段氏注:“仓颉见鸟兽蹄迒之迹,知文理之可相别异也,遂造书契。釆字取兽指爪分别之形。”②《说文释例》卷十:“釆字当以兽爪为正义,辨别为引申义,以其象形知之。”③“番”之字形,可作旁证。《说文·釆部》:“番,兽足谓之番。从釆,田象其掌。”段氏注:“下象掌,上象指爪,是为象形。”④可证“釆”乃“分”之义。“释”从“睪”声。“睪”无甲骨文形,但有更早的陶文之形。“睪”何意?《说文·幸部》:“睪,目视也。”“令吏将目捕罪人也。”《集韵·叶韵》:“睪,伺视也。吏持目捕人曰睪。”⑤苗夔等校定《说文解字系传校勘记》:“睪声当作亦声。《幸部》:睪,目视也。目视所以分别

①刘宝楠撰,高流水点校:《论语正义》,北京:中华书局,1990年,第249、250页。

②许慎撰,段玉裁注:《说文解字注》二篇上,第50页。

③王筠:《说文释例》卷十,北京:中华书局,1987年,第223页。

④许慎撰,段玉裁注:《说文解字注》二篇上,第50页。

⑤丁度:《集韵》卷十《入声下》,北京:中国书店,1983年,第1612页。

物也。"[1]以上,由"释"之构形说,"释"从"釆"形,所谓"取兽指爪分别之形",确证"释"乃"分"义,因"分"而"辨"矣。由"释"之音而寻义,取"睪"声,所谓"目视所以分别物也",亦重于"分",由"分"而"别"矣。"释",形与音皆重于"分"、归于"分",此乃"释"之本义的核心与要害。由此而引申有关阐释学的首要之义,当为"解说""阐明"义。此类用法典籍甚多。《玉篇·釆部》:"释,解也。"《尔雅·释诂上》邢昺疏:"释,解也。"[2]《左传·襄公二十九年》"释不朝",杜预注:"释,解也。"孔颖达疏:"解释公所以不得亲自朝正也。"[3]《国语·晋语一》"惑不释也",韦昭注:"释,解也。"[4]《吕氏春秋·离俗览·上德》:"故诛太子,太子不肯自释";杜预《春秋左氏传序》"专修丘明之传以释经",[5]亦为解意。由此可见,"释"与"解"互训,"解"乃"释"之本义。

"释"亦有其他各义。与阐释学关联较密的,比次如下。

一曰"散"。《广韵·昔韵》:"释,散也。"《汉书·谷永传》:"慰释皇太后之忧愠。"颜师古注:"释,散也。"[6]《文选》卷一一

①苗夔等校定:《说文解字系传校勘记》,载《丛书集成初编》第1097册,北京:中华书局,1985年,第12页。

②郭璞注,邢昺疏:《尔雅注疏》,载阮元校刻:《十三经注疏》,北京:中华书局,1980年,第2568页。

③杜预注,孔颖达疏:《春秋左传正义》,载阮元校刻:《十三经注疏》,第2004页。

④徐元诰撰,王树民、沈长云点校:《国语集解》,北京:中华书局,2002年,第265页。

⑤杜预注,孔颖达疏:《春秋左传正义》,载阮元校刻:《十三经注疏》,第1707页。

⑥班固:《汉书》,第3453页。

孙绰《游天台山赋》“释二名之同出”，李善注：“释，谓解说令散也。”①《尔雅·释训》：“郝郝，耕也。”邢昺疏：“谓耕地其土解散郝郝然也……郝郝、泽泽，并音释，义亦同。”②何谓“散”？《集韵·换韵》：“散，分也。”《广韵·翰韵》：“散，分离也。”《汉书·天文志》：“散者，不相从也。”颜师古注引孟康曰：“散，不复行列而聚也。”③《素问·气交变大论》“其灾散落”，王冰注：“散，谓物飘零而散落也。”④“散”有“杂乱”义。《逸周书·宝典解》“谋有十散”，朱右曾注：“散，杂也。”⑤《太玄·太玄莹》：“昼夜散者其祸福杂。”范望注：“此言首赞所遇昼吉夜凶，杂遇昼夜吉凶之理。”⑥“散”与“释”之关联紧密。首先是“散去”。由“释”义讲，乃疑难、疑问散去也。“散”与“分”训，“释”乃有“分解”“分析”义。即“消散、消解疑难、疑问”意。“释”之“散”，多杂、少聚、不相从而背反，突出了释的深层次追求，立志于分而不聚，尤其是不复行列，即背离本相与规则而聚。

二曰“消”。《广韵·昔韵》：“释，消也。”《老子·十五章》：

---

①萧统编，李善等注：《六臣注文选》，载《景印文渊阁四库全书》第1330册，第250页。

②郭璞注，邢昺疏：《尔雅注疏》，载阮元校刻：《十三经注疏》，1980年，第2590页。

③班固：《汉书》，第1288页。

④王冰注，林亿等校正：《黄帝内经素问》，载《景印文渊阁四库全书》第733册，台北：台湾商务印书馆，2008年，第232页。

⑤黄怀信等：《逸周书汇校集注》，第280、281页。

⑥扬雄撰，范望注：《太玄经》，载《景印文渊阁四库全书》第803册，台北：台湾商务印书馆，2008年，第198页。

“涣兮若冰之将释。”河上公注：“释者消亡。”①《小学蒐逸·考声二》：“消，释也。”②何谓“消”？《说文·水部》：“消，尽也。”而尽者，“器中空也”（《说文·皿部》）。“消”有“毁损”意。《庄子·则阳》“相助消也”，成玄英疏：“消，毁损也。”③“消”与“散”同义。《文选》卷二张衡《西京赋》：“消雰埃于中宸。”薛综注：“消，散也。”④《素问·脉要精微论》：“其耎而散者，当消环自已。”王冰注：“消，谓消散。”⑤“消”有“灭”义。《广雅·释诂四》：“消，灭也。”《庄子·则阳》“其声销”，成玄英疏：“消，灭也。”⑥《文选》卷三张衡《东京赋》“以须消启明”，薛综注：“消，不见也。”⑦“消”有“亡”义。《文选》卷四四陈琳《为袁绍檄豫州》“消沦山谷”，吕延济注：“消，亡。”⑧《广韵·宵韵》：“消，息也。”在阐释问题上，“消”与“散”有重叠义。所谓“散”，对释疑解难而言，重在消散、分散；所谓“消”，则更突出于消灭、消失。这当然有“解释彻底”“不留间隙”意，但亦难免“器中空也”，

①王卡点校：《老子道德经河上公章句》，北京：中华书局，1993年，第58页。
②龙璋辑：《小学蒐逸》，北京：国家图书馆出版社，2013年，第9页。
③郭庆藩撰，王孝鱼点校：《庄子集释》，第877、878页。
④萧统编，李善等注：《六臣注文选》，载《景印文渊阁四库全书》第1330册，第41页。
⑤王冰注，林亿等校正：《黄帝内经素问》，载《景印文渊阁四库全书》第733册，第60页。
⑥郭庆藩撰，王孝鱼点校：《庄子集释》，第895、896页。
⑦萧统编，李善等注：《六臣注文选》，载《景印文渊阁四库全书》，第1330册，第72页。
⑧萧统编，李善等注：《六臣注文选》，载《景印文渊阁四库全书》第1330册，第179、180页。

“消雰埃于中宸”，弃阐释之开放与协商意，陷独断与封闭之泥淖。

三曰“去”。《文选》卷四七袁宏《三国名臣序赞》“释褐中林”，吕向注：“释，去也。”①《吕氏春秋·季春纪·论人》“释智谋”，高诱注：“释，亦去也。”②《礼记·礼器》“释回”，郑玄注：“释，犹去也。”③《尚书·多方》“非天庸释有夏”，蔡沈《集传》：“释，去之也。”④何谓“去”？《说文·去部》：“去，人相违也。”《玉篇·去部》：“去，违也。”《墨子·经说上》：“去就也。”孙诒让《间诂》：“彼此相背为去。”⑤“去”，亦“离”也。《战国策·齐策二》“不能相去”，高诱注：“去，离。”⑥《墨子·经下》“偏去莫加少”，孙诒让《间诂》：“去，犹言相离。”⑦“释”有“除”义，与“去”互训。《玉篇·釆部》：“释，除也。”《左传·襄公二十一年》“释兹在兹”，杜预注：“释，除也。”⑧《礼记·三年问》：“壹使足以成文理，则释之矣。”郑玄注：“释，犹除也，去也。”⑨《玄应音义》卷二“除去”注：“去，犹除去也。”《左传·闵公二年》“卫

①萧统编，李善等注：《六臣注文选》，载《景印文渊阁四库全书》第1331册，第280页。
②吕不韦著，陈奇猷校释：《吕氏春秋新校释》，第162、164页。
③郑玄注，孔颖达疏：《礼记正义》，载阮元校刻：《十三经注疏》，第1430页。
④蔡沈撰，王丰先点校：《书集传》，北京：中华书局，2018年，第247页。
⑤孙诒让撰，孙启治点校：《墨子间诂》，第352页。
⑥刘向集录：《战国策》，上海：上海古籍出版社，1985年，第350、351页。
⑦孙诒让撰，孙启治点校：《墨子间诂》，第321页。
⑧杜预注，孔颖达疏：《春秋左传正义》，载阮元校刻：《十三经注疏》，第1970页。
⑨郑玄注，孔颖达疏：《礼记正义》，载阮元校刻：《十三经注疏》，第1663页。

侯不去其旗”，陆德明《释文》：“去，除也。”①《吕氏春秋·慎大览·下贤》“去其帝王之色”，高诱注：“去，犹除也。”②“释”作“去”或“除”讲，在阐释的意义上，用于“去除疑难，解除疑问”义。

当然，关于“释”的几种不同意义，其区别与用法不同，只能是相对的。譬如“散”与“消”，虽有差别，但从阐释的方面说，“散”与“消”皆为“说解、消散疑难”意，只是重点有所不同而已。“消”为“消解”，以至“消灭”义，说“消解疑难”，是言从根本上解决问题，在程度上更彻底一些；“散”乃“由聚集而分离”，整体散而余部焉在矣，不过解散而已。消者皆灭，散者可存，在这个意义上，“散”在程度上应该更温和一些。事物可以散的形式存在，而消则不可。对中国古代文学批评的生成与存在方式而言，散为其基本范式。各种批注式评论，或眉批、或缀集，包括传、注、疏、笺等形式的随文释义，其形式本身就是散，且以散为长。“去”亦如此。“去”有“散去”的意思，也有“去除”“除却”义，在阐释学意义上，“去除疑问，除却疑难”，是“说明”“释解”的另一种表达。但无论如何区别，总的方向说，“释”为“解”、为“分”，以“分”为“释”的主体意义是明确的。

①杜预注，孔颖达疏：《春秋左传正义》，载阮元校刻：《十三经注疏》，第1788页。
②吕不韦著，陈奇猷校释：《吕氏春秋新校释》，第886、894页。

三、“解释”义

“解”及“释”同构为双音词，其义丰富。《汉语大词典》训有七义。目前所见较早的典籍中用例，为汉代陆贾《新语·辨惑》，言曰：“诛锄奸臣贼子之党，解释疑滞纰缪之结。”①其后，有南朝范晔撰《后汉书·徐防传》：“解释多者为上第，引文明者为高说。”②《后汉书·陈元传》：“解释先圣之积结，洮汰学者之累惑。”③以上三例之“解释”，是“解说”“解答”“释义”“释言”，或“分析说明”“解疑释惑”之义。《现代汉语词典》（第七版）“解释”一词释为：“分析阐明”，“说明含义、原因、理由等”。可见，解释一词，重在分析说明，或仅在分析说明。那么，从阐释学的意义上说，取“解释”以作当代阐释学的总称谓，是否恰当合理？讨论如下。

第一，从“解”与“释”的本义看，“解释”之组合乃同义反复，未能为“解”或“释”提供新能指。由“解”之字形说，“解”有兽行迹，当以其爪迹为迹。“释”从“釆”，釆亦兽爪之分形。此重合之义，绝非偶然。充分证明“解”与“释”的文字结构及传播过程中，其意义之变化。然而，无论怎样演化，“解”有“兽爪分离”状，《尔雅》指獐，按马叙伦的说法，有人脚趾之分离迹，与釆同义，应无大的分歧。上有辨义，“解”由“释”训：“解，释也”；

①王利器：《新语校注》，北京：中华书局，1986年，第84页。
②范晔：《后汉书》，第1501页
③范晔：《后汉书》，第1231页。

“释”由“解”训:“释,解也。”足以证明“解”与“释”同义,两者之本义及用法,基本相同或相通。“解”与“释”的组合,未能新创更丰富、更广大的内涵及外延。“解”与“释”的组合乃同义反复。前已分析,“解”,从其原型,乃刀解牛角,实为劈开对象、分解对象之过程。此动作定义为判,判者乃从刀取半,既以分为手段及目的,操作对象,达解之目的。解之所解,当基于分:由分而解,分解是也;由分而别,分别是也;由分而辨,分辨是也。准此,“解”,其阐释学意义及价值,在分在别,且仅于此。“释”亦同,“释”之根本为“分”,分为释之手段与目的。面对现象,分当首位,其余次之。前亦议过,“释”,从其原型,释乃完成时态,即形已为形,释描述此形,为名词之用。于阐释言,更切于已见、已明之义,无分之动作与过程,重在状态与结果。“解”后添之以“释”,似应理解为解出一个释的状态或结果。“解释”亦可颠倒搭配,即“释解”。同为“解释”“说明”义。《唐语林·补遗二》:“悰尝以事怪琳,客或有为释解者。”①《周易本义·系辞上传》:“释解六三爻义。”②《南史·徐陵传》:“少而崇信释教,经论多所释解。”③上三例可证,“解”与“释”应用上的同位意义。“解”与“释”同义,某些宾语搭配之互易,而毫无歧义,亦可为旁证。如“解疑释惑”。大量故训可鉴,“疑”与“惑”互证。所谓“疑者,惑也”;“惑者,疑也”。以此义讲,古今通用之“解疑释惑”,

①王谠:《唐语林》,载《景印文渊阁四库全书》第1038册,台北:台湾商务印书馆,2008年,第162页。

②朱熹:《周易本义》,上海:上海古籍出版社,1987年,第60页。

③李延寿:《南史》,第1525页。

可易配为“解惑释疑”。“解惑”,如《庄子·徐无鬼》:“以不惑解惑,复于不惑,是尚大不惑。”韩愈《师说》:“师者,所以传道、受业、解惑也。”①“释疑”,如葛洪《抱朴子·塞难》:“书则因解注以释疑,此儒者之易也。”②袁宏《后汉纪·桓帝纪》:“夫排忧患,释疑虑。”③曾巩《祭宋龙图文》:“解惑释疑,公为蓍龟。”④

第二,从“解”与“释”的引申义看,“解”所包含的与阐释学有关的主要意义,“释”亦基本包含。“释”前配以“解”,未能互相添加意义,可视为复合结构的同义词。主要有:一曰“散”。《玉篇·角部》:“解者,散也。”《广韵·昔韵》:“释者,散也。”二曰“除”。《广韵·卦韵》:“解,除也。”《玉篇·采部》:“释,除也。”三曰“舍”。《汉书·五行志》:“解,舍也。”⑤《吕氏春秋·恃君览·知分》“故释之”,高诱注:“释,舍。”⑥四曰“放”。《管子·五辅》“上必宽裕而有解舍”,尹知章注:“解,放也。”⑦《庄子·天地》“故莫若释之而不推”,成玄英疏:“释,放也。”⑧此亦可说明,“解”与“释”同义,“解释”之组合未能互相给予新意。以训诂学所谓同训、互训、连训,可以证明“解”与“释”的构词,同义反

①韩愈著,刘真伦、岳珍校注:《韩愈文集汇校笺注》,北京:中华书局,2017年,第139页。
②葛洪撰,王明校释:《抱朴子内篇校释》,北京:中华书局,1985年,第139页。
③袁宏撰,周天游校注:《后汉纪》,天津:天津古籍出版社,1987年,第626页。
④曾巩撰,陈杏珍、晁继周点校:《曾巩集》,北京:中华书局,1984年,第529页。
⑤班固:《汉书》,第1342页。
⑥吕不韦著,陈奇猷校释:《吕氏春秋新校释》,第1356、1367页。
⑦黎翔凤撰,梁运华整理:《管子校注》,北京:中华书局,2004年,第192页。
⑧郭庆藩撰,王孝鱼点校:《庄子集释》,第450、452页。

复为其本性。一是同训,可见“解”与“释”同义。“释”与“解”同训“散”、训“除”、训“放”,更宽泛地证明“解”“释”同义。二是互训,构成新的同义词组。“解”与“释”之互训,即“解”为“释”,“释”为“解”,“解释”乃同义词之组合。三是连训可证。可举以下两例。其一,解,散也;散,消也;消,释也;释,解也。其二,释,除也;除,去也;去,祛也;祛,分也;分,解也;解,释也。此三训,尤其是同训,符合基本的逻辑规则,主要是演绎逻辑的基本规则,因此,更可靠地证明“解”与“释”的同义。其互训,尤其是连训,由一般逻辑规则说,漏洞较多,其逻辑可靠性待考。但是,“解”与“释”的语义关联明显,结构复合同义词是有根据的。

第三,“解”与“释”的差别。总体上说,在词义训释的意义上,“解”与“释”是一对无本质差异的同义词。但在阐释学意义上,因为“解”与“释”的行为方式及作用结果之差异,两者还是不尽相同的,尽管区别甚小。从词法角度分析,“解释”,作为一个由单音素词根“解”和“释”组合而成的双音词,是何种类型的结构,就阐释学而言,这个结构意味着什么?一般而言,此类本义相同的单音字,结构为双音词组,大多为联合结构。联合结构为几个地位或意义平等的单音词所组合,互无主次,亦无说明或补充意义的语法关系。譬如,“勤劳”“歌咏”“辽远”,等等。词组“解释”,“解”为“分”,“释”亦为“分”,当然可如此定位。但是,深入分析,两者所言之“分”有所不同。“解”乃“剖解”义,即以刀解牛,把完整的事物肢解为碎片,不复整体。解,明显为外力解,外力发生作用,以剖而分。“释”有不同。“释”主“爪迹”义,乃天然而分,自力而分。“释”乃疑难之消释,犹冰自融,明显为自身解体之果。从阐释学的意义上看,面对具体文本,解以剖解为手段,肢解文本以分、以析而求对文本的认知。“释”乃温和,为循序渐进,耐心解说之义。从结果看,“解”的目的是对文本的解剖式了解;“释”的结果疑虑消除,由此而得心之释然。①“释”有“释言”之组合,表达了“释”与“解”不同的一面,即“解”为外力,“释”为内省,“解”更强势,“释”更温和意。《国语·晋语二》:“骊姬使奄楚以环释言。”韦昭注:“释言,以言自解释也。”②此可作旁证。从阐释学的意义讲,无论是阐,是诠,还是解,其目的均为释,即以对象之义、对象之理、对象之质为对象,而阐,而诠,而解。此乃中国阐释学之核心与要害。由此,我们主张,“解释”,定义为偏正结构之词组。即以“释”为中心,“解”为动词状语,修饰解,表达以“释”为目的,以“解”为方法的释解性追索。诠释与阐释亦如此,两者皆以“释”为中心的偏正词组,以诠或阐的方式,实现“释”之目的及过程。由此,阐、诠、解之间,其不同目的与方法论深刻差别得以呈现。我们以此为线索,创造选择恰切词语之可能,给中国阐释学以确当、合理之总称谓。

四、分析、综合、衍义

前有辨识,所谓“解”,以“分”与“析”为根本取向,生成和

---

①参见王凤阳:《古辞辨》,北京:中华书局,2011 年,第 779 页。
②徐元诰撰,王树民、沈长云点校:《国语集解》,第 282 页。

展开释义。如前引皇氏言:“解者,分析之名。”[①]不仅为解,且为分析出精确定义。在此定义下,看“分”与“析”之合取,典籍中用例甚多。“惟经艺分析,王道离散。”[②]“臣闻《诗》《书》《礼》《乐》,定自孔子;发明章句,始于子夏。其后诸家分析,各有异说。”[③]王弼注《老子》“其政察察,其民缺缺”,有“殊类分析,民怀争竞”之语。[④]《隋书·杨伯丑传》:“永乐为卦有不能决者,伯丑辄为分析爻象,寻幽入微。”[⑤]“分析”乃“解”之本义,为“释”之基本方法,既是中国古代诠释学,也是中国古代认识论的核心要义。就此意义而言,“认识过程最初是分析的”,而这种分析,是“将当前给予的具体对象析碎成许多抽象的成分,并将这些成分孤立起来观察”。[⑥] 由此,才有认识之始及深入展开。黑格尔强调,这种分析,或者说析碎,[⑦]为认识的一般起点,是有普遍根据的。认识森林要从树叶起,认识生命要从细胞起,认识现象之本质,要从原始概念起。有了对事物析碎式的解构,其他更进一步的认识才成为可能。但是,分析方法本身是有缺陷的。分析的优点,恰恰是它的缺点。黑格尔举证说:“当一个经验派的心理学家将人的一个行为分析成许多不同

①郑玄注,孔颖达疏:《礼记正义》,载阮元校刻:《十三经注疏》,第1609页。
②班固:《汉书》,1962年,第3436页。
③范晔:《后汉书》,1965年,第1500页。
④王弼注:《老子道德经》,上海:上海书店,1986年,第35页。
⑤魏徵:《隋书》,北京:中华书局,1973年,第1777页。
⑥黑格尔著,贺麟译:《小逻辑》,北京:商务印书馆,1980年,第412、413页。
⑦“析碎”,德文原词为zerlegen,意为“拆解”;separate into,意为“把……分成若干部分。黑格尔用zerlegen与analytisch相区别,意在强调分析本义中所包含的“拆解”“碎解”等消极意义。

的方面,加以观察,并坚持它们的分离状态时,也一样地不能认识行为的真相。用分析方法来研究对象就好像剥葱一样,将葱皮一层又一层地剥掉,但原葱已不在了。”①从认识的整体过程说,分析只是起点,是对事物及现象的碎片化认知,停留于分析,固执于分析,不可能完整、深入地认识真相,更无可能认识和把握本质。同样的认识,中国学者亦有。胡适认为,阮元分析古籍中的“性”字,用的就是“剥”的方法,“这种方法用到哲学史上去,可以做到一种‘剥皮’工夫。剥皮的意思,就是拿一个观念,一层一层地剥去后世随时渲染上去的颜色,和剥芭蕉一样。越剥进去,越到中心”。② 所谓剥,就是分,就是剖,就是解。准此,我们定义在整体阐释的意义上,分析优先,以此为起点,为进一步的诠释生成条件。新的问题是,由剖与分而进入阐释过程,按照中国学者的意见,要进入中心,是否可能?

由此,我们讨论“综合”。综合与分析相对。黑格尔认为:“综合方法的运用恰好与分析方法相反。分析方法从个体出发而进展至普遍。反之,综合方法以普遍性(作为界说)为出发点,经过特殊化(分类)而达到个体(定理)。于是综合方法便表明其自身概念各环节在对象内的发展。”③此话要点有二。其一,综合由分析而来,是从个别中汲取的一般,没有分析,就没有

①黑格尔著,贺麟译:《小逻辑》,第413页。
②胡适:《戴东原的哲学》,载姜义华主编:《胡适学术文集·中国哲学史》下册,北京:中华书局,1991年,第1082页。
③黑格尔著,贺麟译:《小逻辑》,第413页。

综合。分析是综合的前提与基础。其二,所谓综合,不是简单地把多变成一,而是“以普遍性(作为界说)为出发点”,反作用于个别,在个别中展开和实现自己。亦谓综合的抽象,将被作用于具体,以综合之抽象实现于具体。当然,此时的具体已非感性具体,而是蕴含全部抽象,即一般共性的理论具体。综合的认识,是在分析的基础上,对事物及现象有了整体、全面的把握,以本质性规定,诠正此事物为此事物,而非它事物。认知的结果,落脚于事物本身。中国古代没有哲学与认识论意义上的语词——“综合”。单音字“综”,《说文·糸部》:“综,机缕也。”段氏注:“综,理经也,谓机缕持丝交者也。”①为“错综”。综,引申为“聚合”“总合”义,多有其用。《易·系辞上》“错综其数”,孔颖达疏:“错谓交错,综谓总聚。”②太史公云:“儒者断其义,驰说者骋其辞,不务综其终始。”③作为与分析相对应的综合之“综”,偶有使用。如曹植《七启》:“正流俗之华说,综孔氏之旧章。”④刘勰《文心雕龙·定势》:“综意浅切者,类乏酝藉。”⑤然此处之“综”,为多数简单合一之意,非认识或思维意义上的综合之综。所谓“合”,《说文·亼部》:“合,合口也。”后引申作“会”,《说文·亼部》段氏注:“引伸为凡会合之偁。”⑥作“符”,《论衡·自

①许慎撰,段玉裁注:《说文解字注》十三篇上,第644页。

②王弼、韩康伯注,孔颖达正义:《周易正义》,载阮元校刻:《十三经注疏》,第81页。

③司马迁:《史记》,第511页。

④曹植:《曹子建集》,载《四部丛刊初编》第98册,第10页。

⑤刘勰:《文心雕龙》,第189页。

⑥许慎撰,段玉裁注:《说文解字注》五篇下,第222页。

然》:“不合自然,故其义疑,未可从也。”[①]作“同”,《周礼·秋官·小行人》“合六币”,郑玄注:“合,同也。”[②]作“归”,《孙子兵法·地形》“而利合于主”,陈皞注:“合,犹归也。”[③]上述可知,“综合”二字相连,其义为:对事物及现象,作分析基础上的整合性认知,此认知应与现象本身所含之义相符,回归于现象本身及所包容的意义。由此,当是从具体的个别中汲取一般,并以一般更深刻地说明具体的过程。如此综合乃为可靠的综合,确当的综合。双音词“综合”出现得很晚。笔者视野所限,最早明代才有使用。焦竑:“凡丧祭综,综合礼度。”[④]逯中立《周易札记》卷三《系辞上传》解“错综其数”云:“程沙随曰:‘如织妇之用综合众经,相间而上下之也。’”[⑤]刘锦藻《清朝续文献通考》卷269“经籍考十三”:“是书仿《经典释文》例,综合经史子集。”[⑥]由此,“综合”一词的用法可见一斑。从阐释学的意义说,诠释当如综合。其要义在于,诠其全矣,当将对现象的分析综合为一,对现象作整体性认识,克服解之散,解之分的弊端。《说文·言部》“诠”,段氏注:“诠,就也。就万物之指以言其征。事之所谓,道之所依也。”[⑦]《广韵》释:“就,成也,迎也,即也。”更加集中地体现了

①黄晖:《论衡校释》,第775页。
②郑玄注,贾公彦疏:《周礼注疏》,载阮元校刻:《十三经注疏》,第894页。
③孙武撰,曹操等注,杨丙安校理:《十一家注孙子校理》,北京:中华书局,1999年,第227页。
④焦竑:《国朝献征录》,台北:台湾学生书局,1965年,第3076页。
⑤逯中立:《周易札记》,载《景印文渊阁四库全书》第34册,台北:台湾商务印书馆,2008年,第55页。
⑥刘锦藻:《清朝续文献通考》,上海:商务印书馆,1936年,第10133页。
⑦许慎撰,段玉裁注:《说文解字注》三篇上,第93页。

所谓“诠”的核心追求。[1] 其全为正，“正，是也”（《说文·正部》）。分析基础上的诠释，意即解之上乃诠，对解的结果，作整合与正义，确证事物之是也。此正为诠高于解的要害所在。然而，从阐释的目的说，阐释是否终止于综合？或者说阐释就是从解而入手以达之诠，再从诠正回到分解，且循环往复而无穷尽，就是阐释的全部目的？毫无疑问，人对现象的认识不会停留于现象本身，亦不会停留于现象之是、现象之合，而一定要从现象之是出发，求是之意义，是之启发，是之衍义。阐释当然如此。

何谓“衍”？《说文·水部》：“衍，水朝宗于海也。”《广韵·线韵》：“衍，溢也。”《诗·大雅·板》“及尔游衍”，毛传：“衍，溢也。”[2]《尚书大传》卷一“至今衍于四海”，郑玄注：“衍，犹溢也。”[3]溢，《诗·周颂·维天之命》“假以溢我”，郑玄笺：“溢，盈溢之言也。”[4]《文选序》“则名溢于缥囊”，吕向注：“盈溢，言多也。”[5]再回到“衍”。《诗·小雅·伐木》：“酾酒有衍。”王先谦《诗三家义集疏》：“‘衍’之为言‘盈溢’也。”[6]“衍”由水之溢而

---

①参见张江：《“阐”“诠”辨——阐释的公共性讨论之一》，《哲学研究》2017年第12期。

②毛亨传，郑玄笺，孔颖达正义：《毛诗正义》，载阮元校刻：《十三经注疏》，第550页。

③伏胜撰，郑玄注，陈寿祺辑校：《尚书大传》，载《丛书集成初编》第3569册，北京：中华书局，1985年，第22页。

④毛亨传，郑玄笺，孔颖达正义：《毛诗正义》，载阮元校刻：《十三经注疏》，第584页。

⑤萧统编，李善等注：《六臣注文选》，载《景印文渊阁四库全书》第1330册，第4、5页。

⑥王先谦撰，吴格点校：《诗三家义集疏》，北京：中华书局，1987年，第573页。

及言之溢，谓衍可为言衍，亦可为衍言。“衍”之引申有：《集韵·狝韵》：“衍，通作演。”《易·系辞上》“大衍之数五十”，陆德明《释文》引郑玄注：“衍，演也。”①“衍”亦为“推”。《书·洪范》“衍忒”，蔡沈《集传》：“衍，推。”②《论衡·对作》：“文王图八，自演为六十四，故曰衍。”③郭沫若《管子集校》注“神龟（衍）不卜黄帝泽参治之至也”引陈奂云：“衍，推演之也。”④由此，“衍”为“推”，“衍”为“演”，“衍”为“推衍”也。关于“义”。《说文·我部》：“义，己之威仪也。”《广雅·释言》：“义，宜也。”《书·毕命》“惟德惟义”，蔡沈《集传》：“义者理之宜也。”⑤《淮南子·齐俗训》：“义者，循理而行宜也。”⑥由此可过渡，义，理也。《易·解·象传》“义，无咎也。”王弼注：“义，犹理也。”⑦《资治通鉴·齐纪九》“性好谈义”，胡三省注：“义，亦理也。”⑧《孝经·开宗明义章》邢昺疏：“义，理也。”⑨赵岐《孟子篇叙》：“盖所以佐明六艺之文义。”焦循《正义》：“义，谓义理也。”⑩以上可定，“义”乃“义

①陆德明撰，黄焯断句：《经典释文》，第31页。
②蔡沈撰，王丰先点校：《书集传》，第169页。
③黄晖：《论衡校释》，第1181页。
④郭沫若：《管子集校》（三），《郭沫若全集·历史编》第7卷，北京：人民出版社，1984年，第35页。
⑤蔡沈撰，王丰先点校：《书集传》，第281页。
⑥何宁：《淮南子集释》，第788页。
⑦王弼、韩康伯注，孔颖达正义：《周易正义》，载阮元校刻：《十三经注疏》，第52页。
⑧司马光：《资治通鉴》，第4545页。
⑨李隆基注，邢昺疏：《孝经注疏》，载阮元校刻：《十三经注疏》，北京：中华书局，1980年，第2545页。
⑩焦循撰，沈文倬点校：《孟子正义》，第1046页。

理"。

中国古代从来就有两条差异深刻的解经路线。一条由孔孟始,重训诂之"诠";一条由老庄始,重意指之"阐"。① 典型者如对《周易》之不同释考。汉儒诠释《周易》,重在训诂。表现在大衍之数的解读上,以数解数,且实附于天象、五行,全心追索本义。王弼则不同:"王弼注《易》摈落象数而专敷玄旨。"②其"敷"者,乃弃象数之考,玄义理之辨也。从解读及释义文本的视角说,"专敷玄旨",乃义理之阐。王弼读经,为义理阐释之范型。南宋真德秀衍义《大学》亦可证之。其《大学衍义序》言:"所以推衍大学之义也,故题之曰《大学衍义》。"③由此可见,所谓"衍义",乃"推衍"之同义语。就阐释而言,阐释的目的,不仅是对现象本义的捕捉和把握,也不仅是对现象的全面、总体的认知,更重要的是,阐释,是阐发理解者所不断发现的、蕴含于现象中的丰富义理。对此,伽达默尔有言:"对一个文本或一部艺术作品里的真正意义的汲舀是永无止境的,它实际上是一种无限的过程。这不仅是指新的错误源泉不断被消除,以致真正的意义从一切混杂的东西中被过滤出来,而且也指新的理解源泉不断产生,使得意想不到的意义关系展现出来。"④如此,才为阐释

①参见张江:《"阐""诠"辨——阐释的公共性讨论之一》,《哲学研究》2017年第12期。

②汤用彤:《魏晋玄学论稿》,上海:上海人民出版社,2015年,第52页。

③真德秀:《西山先生真文忠公文集》,载《四部丛刊初编》第209册,上海:上海书店,1989年,第15页。

④汉斯-格奥尔格·伽达默尔著,洪汉鼎译:《诠释学》I《真理与方法——哲学诠释学的基本特征》,北京:商务印书馆,2010年,第422页

之真正追索与价值。我们还注意到双音词“阐衍”的搭配。此搭配充分表达了“阐”与“衍”的一致性。“阐衍”一词多有用例。《易纬稽览图》卷下:“以上自‘推之术’以下,皆后人因卦轨之义而阐衍其法。”[①]另如何乔远撰《名山藏》卷九六《本士记》论邓元锡:“所著有经绎函史诸书,皆足阐衍圣贤,荟萃古今。”[②]“阐”与“衍”多义相通。譬如,“广”与“大”。《汉书·礼乐志》“阐谐嫚易之音作”,颜师古注:“阐,广也。”[③]《易·系辞上》“大衍之数五十”,陆德明《释文》:“衍……广也。”[④]《尚书序》“以阐大猷”,陆德明《释文》:“阐……大也。”[⑤]《汉书·郊祀志上》“德星昭衍”,颜师古注:“衍,大。”[⑥]由此可见,阐,非同于解,亦非同于诠。《易·丰·彖传》:“丰,大也。”王弼注:“音阐大之大也。”孔颖达疏:“阐者,弘广之言。”[⑦]“阐衍”之组合,其义明矣。

必须指出,“阐衍”之“衍”,是有约束即边界条件的。如《说文·水部》:“衍,水朝宗于海也。”此义有二释。其一,朝宗于海,方向一致也,且由此而扩大,非多向也。其二,衍乃行中水,水循河道流汇于海,而非漫溢于海。王筠《句读》:“衍字则禹治水之

①郑玄注:《易纬稽览图》卷下,载《景印文渊阁四库全书》第53册,台北:台湾商务印书馆,2008年,第859页。

②何乔远:《名山藏》,扬州:江苏广陵古籍刻印社,1993年,第5789页。

③班固:《汉书》,第1037页。

④陆德明撰,黄焯断句:《经典释文》,第31页。

⑤陆德明撰,黄焯断句:《经典释文》,第36页。

⑥班固:《汉书》,第1237页。

⑦王弼、韩康伯注,孔颖达正义:《周易正义》,载阮元校刻:《十三经注疏》,第67页。

后，其流顺轨朝宗于海。”①为区别此，有“洪”与“洚”字为证。《说文·水部》“洪，洚水也”；“洚，水不遵道”。“衍”之“约束”义明矣。“阐”亦同。“阐”乃“宏广”之言，不仅是“寻找意义”，而且要“添加意义”（伽达默尔语）。② 但面对现象，尤其面对文本，意义之添加乃衍之归海，顺轨而行，绝非无边之漫溢，非遵道也。否则，就是衍文、衍字，乃文本刊抄过程中的字句误增而已。③

结　论

阐释是过程。此过程，由解起始，经由诠后而再阐，实现阐之最高目的。解，由外力拆解对象，停留于分，失整体之把握，此类释解，无论如何必要精准，非阐释也。诠，现象本体之诂训，言之凿凿，求全求是。现象之本，当以此为准。阐，乃义理之阐，由本而求大求广，衍义是也。阐之目的，阐之意义，聚合于此，功成于此。易言之，释起于解，依分而立；诠由解始，依诂而正；诠必生阐，尚意大开。解为分，诠为正，阐乃衍。由解而诠，由诠而阐，实现阐之完整过程，达及最高目的。阐，生于解与诠，实现解与诠。“阐释”，应为当代阐释学之基本称谓。

（原载《社会科学战线》2019 年第 1 期）

①王筠：《说文解字句读》第十一上，北京：中华书局，1988 年，第 428 页。

②汉斯-格奥尔格·伽达默尔著，洪汉鼎译：《诠释学》Ⅱ《真理与方法——补充和索引》，第 426 页。

③关于阐释意义的推衍、衍生意，请参见《由“强制阐释”到“本体阐释”》（记者毛莉），《中国社会科学报》2014 年 6 月 16 日。

“理”“性”辨

所谓“理性”，在近代以来中国文化语境中，其一般意义是，人类的思想能力及思维方式。与此有关的诸多词汇，如“思维”“逻辑”“理论”“反思”等，均为理性的不同显现和表达方式，以及理之本性的内在构成。在西方哲学传统中，由古代希腊起，特别是由亚里士多德的逻辑学起，经由康德和黑格尔的最终构建，有关认知意义上的理性蕴含，从内容到形式，已成几无歧义的定论。但是，在中国古代，“理”与“性”作为确定的单音字却是各自独立使用的，在文字与语义学的意义上，其能指与所指，与作为整体概念的“理性”语用差异甚大，且由此生成几乎完全不同的思维方式及认知成果。从阐释学的意义讲，阐释的起点与目的，阐释的展开与落点，阐释的根据与范式，阐释的标准及可公度，均取决于理与性的不同蕴含与规制。由此，我们提出，构建当代阐释学体系，其基本立论及整体性丰富，必须以深入辨析理与性的差异为前提，清晰厘定具体阐释过程中，理与性的不同作用及相互影响，由此而争取建立相对系统的一般规则，为当代阐释学的构建提供可靠的理性根据。以往一些有关阐释学问题的著作，无差别地使用“理”与“性”的概念，或以理为性，或以性为理,更多是理、性不分,造成许多混乱和偏差,应予讨论。

一、"理"义考

中国古代,理的概念是独立的,但能指甚多。从词性上分析,"理"之本身可动可名,动名之别,与当代阐释学之构建关联深刻。以下试析之。

(一)动词之"理"

主要为三个方向,皆为本义。

第一,治与顺。

《说文·玉部》:"理,治玉也。从玉,里声。""理"乃治玉,意即从原初形态之璞中,探察及得玉。此乃原初本义之理。《战国策·秦策三》"郑人谓玉未理者璞",《韩非子·和氏》"王乃使玉人理其璞而得宝焉",为目前可见较早的证据。由此而广之,《广雅·释诂三》:"理,治也。"《广韵·止韵》:"理,料理。"此可视为"理"乃动词的基本证据,"治理""料理"成为"理"的一般用法。

"治"为何意?先由治水而起。《玉篇·水部》:"治,修治也。"《孟子·告子下》:"禹之治水,水之道也。""治"有"治理""织理"义。《左传·文公六年》"治旧洿",杜预注:"治理洿秽。"①《诗·邶风·绿衣》"女所治兮",朱熹《集传》:"治,谓

①杜预注,孔颖达疏:《春秋左传正义》,载阮元校刻:《十三经注疏》,第1843页。

理而织之也。”[①]“治”与“理”互训,可证“理”亦为“治”之本义。更广大的“治”,谓“治政”“治身”“治学”。《庄子·逍遥游》“子治天下”,成玄英疏:“治,谓理也。”[②]《国语·齐语》“教不善则政不治”,韦昭注:“治,理也。”[③]《周礼·天官·大宰》“一曰治典”,贾公彦疏:“治,所以纪纲天下。”[④]以上治政。

《礼记·燕义》“与其教治”,孔颖达疏:“治,谓治身。”[⑤]《太玄·玄文》:“人之大伦曰治。”[⑥]《法言·修身》:“或问治己。曰:‘治己以仲尼。’”[⑦]《淮南子·缪称训》“心治则百节皆安”,陶方琦引《群书治要》引许注:“治,犹理也。”[⑧]以上治身。

《周礼·秋官·司约》“治神之约为上”,郑玄注:“治者,理其相抵冒上下之差也。”[⑨]《晋书·食货志》:“天之所贵者人也,明之所求者学也,治经入官,则君子之道焉。”[⑩]《梦溪笔谈·艺文一》:“王圣美治字学,演其义以为右文。”[⑪]以上治学。

其他多项,如整治:《孟子·万章上》:“二嫂使治朕栖。”如

---

①朱熹集注:《诗集传》,第16页。
②郭庆藩撰,王孝鱼点校:《庄子集释》,第24页。
③徐元诰撰,王树民、沈长云点校:《国语集解》,第228页。
④郑玄注,贾公彦疏:《周礼注疏》,载阮元校刻:《十三经注疏》,第645页。
⑤郑玄注,孔颖达疏:《礼记正义》,载阮元校刻:《十三经注疏》,第1690页。
⑥扬雄撰,司马光集注:《太玄集注》,北京:中华书局,1998年,第208页。
⑦汪荣宝撰,陈仲夫点校:《法言义疏》,北京:中华书局,1987年,第93页。
⑧何宁:《淮南子集释》,第705页。
⑨郑玄注,贾公彦疏:《周礼注疏》,载阮元校刻:《十三经注疏》,第880—881页。
⑩房玄龄:《晋书》,第779页。
⑪沈括:《梦溪笔谈》,《丛书集成初编》第282册,北京:中华书局,1985年,第95页。

办理:《周礼·天官·宰夫》:“大丧小丧,掌小官之戒令,帅执事而治之。”如征服:《荀子·议兵》:“故兵大齐则制天下,小齐则治邻敌。”如作或为:《孟子·公孙丑下》:“夫既或治之,予何言哉?”凡此等等,均为动作或为过程,以现代汉语规则匡认,皆为动词功能的“理”、行为意义的“理”,而非思想和思维意义的“理”,非今天所称“理性”之“理”。

做动词之“理”,与其互训者尚有“顺”字可考。《广雅·释诂一》:“理,顺也。”《说文·页部》:“顺,理也。”段氏注:“顺之所以理之。”①“顺”又作“循”,《淮南子·时则训》“顺彼四方”,高诱注:“顺,循也。”②《庄子·大宗师》“以德为循”,成玄英疏:“循,顺也。”③《战国策·魏策三》“今王循楚赵而讲”,鲍彪注:“循,犹顺也。”④《荀子·性恶》“上不循于乱世之君”,杨倞注:“循,顺从也。”⑤同时,我们注意,《说文·马部》释“驯”,段氏注:“古驯、训、顺三字互相假借。”⑥“顺”与“训”假借,《说文·言部》:“训,说教也。”段氏注:“说教者,说释而教之,必顺其理。”⑦由此,“理”“循”“顺”“训”,在动词功能上,可互通、可互训、可假借,最终目标指向清晰、通畅、合理,既如思维为理、阐释为理,则必循其理,必顺其理,必合其理。

①许慎撰,段玉裁注:《说文解字注》九篇上,第418页。
②何宁:《淮南子集释》卷五《时则训》,第413页。
③郭庆藩撰,王孝鱼点校:《庄子集释》,第234、238页。
④刘向集录:《战国策》,第855、856页。
⑤王先谦撰,沈啸寰、王星贤点校:《荀子集解》,第446页。
⑥许慎撰,段玉裁注:《说文解字注》十篇上,第467页。
⑦许慎撰,段玉裁注:《说文解字注》三篇上,第91页。

第二,剖与析。

动词"理"之另一要义。引申于"治"。段玉裁注:"郑人谓玉之未理者为璞。是理为剖析也。"①所谓"剖",许氏一路释下:"剖,判也";"判,分也"(《说文·刀部》);"分,别也"(《八部》);"别,分解也"(《冎部》)。循此路线,可以深究:其一,"剖"作"判"解。《淮南子·齐俗训》"伐楩楠豫樟而剖梨之",高诱注:"剖,判。"②《文选·扬子云〈解嘲〉》"四分五剖",张铣注:"剖,判也。"③苏洵《六国》:"故不战而强弱胜负已判矣。"④由高诱、张铣之注及苏洵的用法看,"剖"乃动词,"辨析""判断"义,当为主观之思维行为。其二,"剖"作"分"解。除有"分开""分离"义外,⑤与主观思维活动有关之意义有三。一曰明。《吕氏春秋·察传》"是非之经,不可不分",高诱注:"分,明也。"⑥二曰辨。《论语·微子》"五谷不分",朱熹《集注》:"分,辨也。"⑦三曰别。《淮南子·修务训》"分白黑",高诱注:"分别白黑。"⑧《礼记·曲礼上》"分争辨讼",郑玄注:"分、辨,皆别也。"⑨而所

①许慎撰,段玉裁注:《说文解字注》一篇上,第15页。
②刘文典撰,冯逸、乔华点校:《淮南鸿烈集解》,第363页。
③萧统编,李善等注:《六臣注文选》,北京:中华书局,2012年,第843页。
④苏洵著,曾枣庄、金成礼笺注:《嘉祐集笺注》,上海:上海古籍出版社,1993年,第62页。
⑤刘向集录:《战国策》卷五《秦策三》"剖符于天下",鲍彪注:"剖,犹分。"(第193、195页)范晔:《后汉书》卷五十九《张衡传》"岂爱惑之能剖",李贤注:"剖,分也。"(第1924、1927页)
⑥吕不韦著,陈奇猷校释:《吕氏春秋新校释》,第1537、1540页。
⑦朱熹:《论语集注》,《四书章句集注》,第184—185页。
⑧何宁:《淮南子集释》,第1345页。
⑨郑玄注,孔颖达疏:《礼记正义》,载阮元校刻:《十三经注疏》,第1231页。

谓“别”,《广韵·薛韵》释:“别,解也。”《穀梁传·襄公六年》“由别之而不别也”,杨士勋疏引旧解云:“别,犹识也。”①段氏指出:“古,辨、判、别三字义同也。”②其根据有:《说文·刀部》:“辨,判也。”《易·系辞下》“辨是与非”,李鼎祚《集解》引虞翻曰:“辩(辨),别也。”③《礼记·仲尼燕居》“长幼失其别”,孔颖达疏:“别,即辨也。”④充分证明“判”“辨”“别”同义互证。连贯下来,由“剖”而见“判”、见“分”、见“别”、见“辨”,其诸多动词功能集中指向了“剖”的思维义。

关于“析”。《说文·木部》:“析,破木也。”段氏注:“诗多言‘析薪’。”⑤“析”者,本义在“分”。《汉书·扬雄传下》“析辩诡辞”,颜师古注:“析,分也。”⑥“析”作“别”解。《文选·谢宣远〈王抚军庾西阳集别作诗〉》“方舟析旧知”,张铣注:“析,别。”⑦《文选·左太冲〈吴都赋〉》“析于地理者也”,吕向注:“析,分别也。”⑧“析”作“解”义。《淮南子·俶真训》“析才士之胫”,高诱注:“析,解也。”⑨作“分析”义。释玄应《一切经音义》卷一二

①范宁集解,杨士勋疏:《春秋穀梁传注疏》,载阮元校刻:《十三经注疏》,北京,中华书局,1980年,第2426页。

②许慎撰,段玉裁注:《说文解字注》四篇下,第180页。

③李鼎祚:《周易集解》,《丛书集成初编》第389册,北京:中华书局,1985年,第392页。

④郑玄注,孔颖达疏:《礼记正义》,载阮元校刻:《十三经注疏》,第1613—1614页。

⑤许慎撰,段玉裁注:《说文解字注》六篇上,第269页。

⑥班固:《汉书》,第3580页。

⑦萧统编,李善等注:《六臣注文选》,第384页。

⑧萧统编,李善等注:《六臣注文选》,第100页。

⑨何宁:《淮南子集释》,第158页。

“析体”注：“析，犹分析也。”释慧琳《一切经音义》卷九四“剫析”注：“析，犹分析支解也。”作“度量”义。《文选·左太冲〈魏都赋〉》“析其法度”，李善注引《说文》：“析，量也。”①“析”也作“剖”讲。释慧琳《一切经音义》卷七二“分析”注引《考声》云：“析，剖也。”由此可见，“理”由“剖”解起，为“判定”“区分”“辨识”意；由“析”解起，为“分析”“解明”“考量”意。“剖”“析”二字合用，吕祖谦《东莱集·别集》：“如坚确有志、实下工夫者，自当使之剖析毫芒，精讲细论，不可留疑。”②朱熹《答徐子融》：“非不读书讲义，而未尝潜心默究，剖析精微。”③由“分”与“别”义起，隐含“分门别类”之规则意，体现“理”所深含的分与析的追索。

第三，正与通。

《玉篇·玉部》《广韵·止部》《集韵·止部》均释：“理，正也。”《左传·成公二年》“先王疆理天下”，杜预注：“理，正也。”④《后汉书·冯衍传》“疆理九野”，李贤注：“理，正也。”⑤“理”作“治”讲，《庄子·逍遥游》“夫子立而天下治”，成玄英疏：“治，正也。”⑥《礼记·大传》“上治祖祢”，郑玄注：“治，犹正也。”⑦

---

①萧统编，李善等注：《六臣注文选》，第 134 页。

②吕祖谦：《东莱集》，《文渊阁四库全书》第 1150 册，上海：上海古籍出版社，1987 年，第 252 页。

③朱熹：《晦庵先生朱文公文集》，《四部丛刊初编·集部》第 179 册，第 13 页。

④杜预注，孔颖达疏：《春秋左传正义》，载阮元校刻：《十三经注疏》，第 1895 页。

⑤范晔：《后汉书》，第 987、988 页。

⑥郭庆藩撰，王孝鱼点校：《庄子集释》，第 22、23 页。

⑦郑玄注，孔颖达疏：《礼记正义》，载阮元校刻：《十三经注疏》，第 1506 页。

由此,“正”乃“理”之要义也。何谓“正”?动词用,《玉篇·正部》:“正,定也。”《诗·大雅·文王有声》:“维龟正之,武王成之。”朱熹《集传》:“正,决也。”①《大戴礼记·盛德》“所以正法也”,王聘珍《解诂》:“正,定也。”②《周礼·天官·宰夫》“岁终则令群吏正岁会”,郑玄注:“正,犹定也。”③以上之“定”,乃“决定”或“确定”意,即以理正之、定之。“正”有“中正”意。《中说·天地篇》“叔达简而正”,阮逸注:“简静中正。”④《书·说命上》:“惟木从绳则正,后从谏则圣。”“正”有“解惑”意。《读书杂志·荀子第七·解蔽》:“疑玄之时正之。”王念孙:“正,当为定。”⑤“正”有“修正”意。《书·盘庚》“正法度”,孙星衍《尚书今古文注疏》:“正,谓修正之。”⑥所谓“通”,《希麟音义》卷二“理翮”注引字书释“理”为“通也”。《淮南子·时则训》“理关市,来商旅”,许慎注:“理,通也。”⑦《文选·司马长卿〈封禅文〉》:“宪度著明,易则也;垂统理顺,易继也。”张揖曰:“垂,悬也;统,绪也;理,通也。”⑧从语义学上讲,治玉者,祛璞寻玉,依纹成器,动作本身就有“通”义。由此,《淮南子·主术训》“理无不通”是也。“通”有“沟通推广”义。《孙子兵法·地形》:“我

---

①朱熹集注:《诗集传》,第189页。
②王聘珍撰,王文锦点校:《大戴礼记解诂》,第144页。
③郑玄注,贾公彦疏:《周礼注疏》,载阮元校刻:《十三经注疏》,第656页。
④王通:《中说》,《四部丛刊初编》第59册,第1页。
⑤王念孙:《读书杂志》,第89页。
⑥孙星衍撰,陈抗、盛冬铃点校:《尚书今古文注疏》,北京:中华书局,1986年,第224页。
⑦何宁:《淮南子集释》,第417页。
⑧萧统编,李善等注:《六臣注文选》,第907页。

可以往,彼可以来,曰通。"《易·系辞上》:"往来不穷谓之通。""推而行之谓之通。""通"与"达"互训。《说文·辵部》:"通,达也。"阐释学视域下,意义有三。其一,"达人"。《论语·颜渊》"斯可谓之达矣",刘宝楠《正义》:"达者,通也。通于处人、处已之道,故行之无所违阻。"①《孟子·尽心上》:"达者,足于此而通于彼也。"其二,"达势"。《庄子·齐物论》"唯达者知通为一",郭象注:"夫达者无滞于一方。"②《大戴礼记·曾子制言上》"相济达也",王聘珍《解诂》:"达,谓通之,使不陷绝也。"③其三,"达理"。《史记·赵世家》"通有补民益主之业",张守节《正义》:"通,达理也。"④段玉裁云:"凡天下一事一物,必推其情至于无憾而后即安,是之谓天理。"⑤

(二)名词之"理"

"理"作名词久矣。早期文献,如《易·系辞上》:"易简而天下之理得矣。"《礼记·仲尼燕居》:"礼也者,理也。"《墨子·所染》:"处官得其理矣。"皆为名词用法。从词源说,作为动词的"理"作名词用,是一个重要的语言现象。王国维先生有论:

> 《逸论语》曰:"孔子曰:美哉璠玙!远而望之,奂若也;近而视之,瑟若也。""一则理胜,一则孚胜",此从"理"之本

①刘宝楠撰,高流水点校:《论语正义》,第507—508页。
②郭庆藩撰,王孝鱼点校:《庄子集释》,第70、72页。
③王聘珍撰,王文锦点校:《大戴礼记解诂》,第90页。
④司马迁:《史记》,第1806、1807页。
⑤许慎撰,段玉裁注:《说文解字注》一篇上,第15页。

义之动词，而变为名词者也。①

此论可以证明，“理”由动词变名词是一个重要的语义取向，是阐释学研究必须认真对待的问题。“理”作名词，用义颇多。在阐释学意义上，有两类语义应予特别关注。

第一，“规律”与“本质”，及由此而衍生的“条理”与“标准”。

其一，“道”与“道理”。

《玉篇·玉部》：“理，道也。”所谓“道”，自老子始，“道”“理”一致，乃为主流。大量文献证明此点。“道”与“理”一致，但有不同层次。一是理者，道也。这是理的最高层次。《广雅·释诂三》：“理，道也。”《荀子·仲尼》“福事至则和而理”，杨倞注：“理，谓不失其道。”②二是理为道之内涵。《荀子·正名》：“志轻理而不重物者，无之有也。”杨倞注：“理为道之精微。”③或称具体的道。《说文·辵部》段氏注：“道之引伸为道理。”④三是求道的方法。《孟子·告子上》“谓理也，义也”，赵岐注：“理者，得道之理。”⑤我们可以判定，所谓道与理浑然一体，道即是理，理就是道。然，理与道有层次之别，道更抽象，更玄奥，

①傅杰编校：《王国维论学集》，北京：中国社会科学出版社，1997年，第231页。

②王先谦撰，沈啸寰、王星贤点校：《荀子集解》，第110页。

③王先谦撰，沈啸寰、王星贤点校：《荀子集解》，第431页。

④许慎撰，段玉裁注：《说文解字注》二篇下，第75页。

⑤赵岐注，孙奭疏：《孟子正义》，载阮元校刻：《十三经注疏》，北京：中华书局，1980年，第2749页。

为万理之统会。理为规律,而道又为理之根据,道高于理,统摄理。同方向的还有道理之义:如《吕氏春秋·察传》"必验之以理",高诱注:"理,道理也。"①《礼记·仲尼燕居》:"礼也者,理也。"孔颖达疏:"理,谓道理";②有义的蕴含:《礼记·丧服四制》:"理者,义也。"《荀子·赋篇》"夫是之谓箴理",杨倞注:"理,义理也。"③

其二,"条理"与"标准"。

《说文·页部》"顺",段氏注:"凡物得其治之方皆谓之理。理之而后天理见焉,条理形焉。"④如此讲,"理"为"条理",有所谓"层次""秩序"意。《书·盘庚上》:"若网在纲,有条而不紊。"《荀子·儒效》:"井井兮其有理也。"杨倞注:"理,有条理也。"⑤《管子·水地》:"邻以理者,知也。"《校注》引何如璋云:"'理',条理也。"⑥至此,"条"又何谓?《书·禹贡上》"厥木惟条",孙星衍《尚书今古文注疏》引《汉书集注》释"条"云:"分也,畅也。"⑦《汉书·孝成许皇后传》"其条刺",颜师古注:"条,谓分条之也。"⑧同书《黄霸传》:"臣问上计长吏守丞以兴化条。"颜师古注:"凡言条者,一一而疏举之。"⑨更小一些的用法

①吕不韦著,陈奇猷校释:《吕氏春秋新校释》,第1536、1538页。
②郑玄注,孔颖达疏:《礼记正义》,载阮元校刻:《十三经注疏》,第1614页。
③王先谦撰,沈啸寰、王星贤点校:《荀子集解》,第480页。
④许慎撰,段玉裁注:《说文解字注》九篇上,第418页。
⑤王先谦撰,沈啸寰、王星贤点校:《荀子集解》,第131页。
⑥黎翔凤撰,梁运华整理:《管子校注》,第815、820页。
⑦孙星衍撰,陈抗、盛冬铃点校:《尚书今古文注疏》,第148页。
⑧班固:《汉书》,第3980、3981页。
⑨班固:《汉书》,第3632、3633页。

有"文理"义。《荀子·正名》:"形体色理以目异。"杨倞注:"理,文理也。"①至于"标准",所见不多,但自有其标志性意义。《吕氏春秋·离谓》:"理也者,是非之宗也。"清晰表明,理是判断是非的标准。此种取向,宋明理学以后,上升为核心内容。

第二,"情"及"欲"。这是中国古代之理与西方传统之理(reason)的最大区别。中国古代之理与情欲,意既与性相混淆,这是中国古代各种重要学说,以至理论范式,甚至思维方式根本区别于西方的重要原因。

其一,关于"情",《说文·心部》:"情,人之阴气有欲者。"段氏注引《礼记》曰:"何谓人情?喜怒哀惧爱恶欲。七者不学而能。"②这可说明,在段氏看,所谓情,乃人之常情。此情与生俱来,不学而能,"非制度不节"。③ 然,情者阴气,闭于内,情由何见?孔颖达疏《易·咸卦·彖传》:"感物而动谓之情也。"④《荀子·儒效》杨倞注:"情,谓喜怒爱恶,外物所感者也。"⑤《论衡·本性》:"情,接于物而然者,形出于外。"⑥情与理的关系,从理的方向出发,《方言》卷二十三"恌,理也"郭璞注:"谓情理也。"⑦《吕氏春秋·诬徒》"则得教之情也",高诱注:"情,理。"⑧由此可

①王先谦撰,沈啸寰、王星贤点校:《荀子集解》,第416页。
②许慎撰,段玉裁注:《说文解字注》十篇下,第502页。
③许慎撰,段玉裁注:《说文解字注》十篇下,第502页。
④王弼、韩康伯注,孔颖达正义:《周易正义》,载阮元校刻:《十三经注疏》,第46页。
⑤王先谦撰,沈啸寰、王星贤点校:《荀子集解》,第143页。
⑥黄晖:《论衡校释》,第141页。
⑦周祖谟:《方言校笺》,北京:中华书局,1993年,第84页。
⑧吕不韦著,陈奇猷校释:《吕氏春秋新校释》,第224、229页。

见,情与理纠缠不分,相含相融。戴震更是从情与理的相生相克的意义上,阐明二者的关系:"理也者,情之不爽失也;未有情不得而理得者也。"[①]由此,情是理的基础,无情则无理,有情才有理;理是情的准则,有理在,情则无误,理保证或规约情之无误;情与理终为一体。且"未有情不得而理得者",乃先有情,后有理,由情而生理,理与情之间,情乃为本根。由此,东原判断,而且是肯定判断:"无过情,无不及情谓之理。"[②]情与理已无分裂之可能。此可为一证。

其二,关于"欲",《说文·欠部》:"欲,贪欲也。"段氏注:"感于物而动,性之欲也。欲而当于理,则为天理。欲而不当于理,则为人欲。欲求适可斯已矣。非欲之外有理也。"[③]由此看,所谓"理"与"欲"几为同义。此说有据于宋代道学。尽管程朱之基本倾向乃天理与人欲之对立,尤其是朱子主张严辨天理人欲,并有著名口号"存天理,灭人欲"。但是,众所周知,因为朱子对天理人欲的解释另含深机,这个口号不是简单的"灭人欲"。在朱子看来,所谓天理即当然,人之基本需求当为天理。由此出发,欲与理便有了纠缠不清形态,欲是理,理为欲。对此,张岱年的评论很有代表性。[④] 此外,亦有张子:"所谓天理也

①戴震著,何文光整理:《孟子字义疏证》卷上《理》,北京:中华书局,1961年,第1页。

②戴震著,何文光整理:《孟子字义疏证》卷上《理》,第2页。

③许慎撰,段玉裁注:《说文解字注》八篇下,第411页。

④张岱年说:"在宋代道学,凡有普遍满足之可能,即不得不满足的,亦即必须满足的欲,皆不谓之人欲,而谓之天理。"氏著:《中国哲学大纲》(下),北京:中华书局,2017年,第575页。

者，能悦诸心，能通天下之志之理也。”①悦诸心与天理同一，理与欲合亦无歧义。陆九渊更是反对分别天理人欲，主张天理人欲同一。他说：“天理人欲之私论极有病。自《礼记》有此言，而后人袭之”，“岂有天理物欲之分？”②王船山更注重天理人欲之统一，认为两者实为一体：“孟子承孔子之学，随处见人欲，即随处见天理。”③“有是故有非，有欲斯有理。”④将理与欲视为一体，理欲不分，最彻底者乃戴东原：“理者存乎欲者也。”⑤作为同派学人，段氏亦彻底而执着：“感于物而动，性之欲也。欲而当于理，则为天理。欲而不当于理，则为人欲。欲求适可斯已矣，非欲之外有理也。”⑥至此可证，中国古代对理与欲关系的一种判断。

以上考据，给我们以比较西方的根据。一是，理为何理。中国古代之“理”，重在动词义。所谓“理顺”“理清”“理出”，均为“理”之动作。其组合与搭配，皆为现代汉语规则上的动宾结构。更抽象的词语，比如，“理性”“理智”“理论”，本义乃“理其性”、“理其智”、“理其论”也。如此之“理”，是动作、是过程，是在动作过程中展开自身。与此关联的是，“理”的“剖”与“析”、

①张载：《张子全书》卷二《正蒙·诚明篇第六》，《文渊阁四库全书》第697册，第115页。

②陆九渊撰，陆持之编：《象山集·语录》，《文渊阁四库全书》第1156册，第601页。

③王夫之：《读四书大全说》卷八《孟子·梁惠王下篇》，《船山全书》第6册，长沙：岳麓书社，2011年，第914页。

④王夫之：《周易外传》卷二，北京：中华书局，1977年，第56页。

⑤戴震著，何文光整理：《孟子字义疏证》卷上《理》，第8页。

⑥许慎撰，段玉裁注：《说文解字注》八篇下，第411页。

“通”与“正”,即“解剖”与“分析”、“通达”与“修正”,亦为动作意,当为“理”之本义。一般地说,中国古代之“理”,以实践动作为起点,目的于对象,根植于对象,于对象之中追寻和构建自身,而非疏离于对象,阻隔于对象,无边际地自我生长与延宕,盘桓定格于纯思维的概念、范畴、推理。二是,理以何理。如此亦有“理”的名词义,即道与天理、条理与标准,以道为理,以天(自然)为理,依据于理,理顺、理清、理出标的所寓之象,通理达理,实现理之目的。但此意的“理”,无论曰道还是曰理,均寄于对象之中、理的过程之中,而非理之自身之中、理之主体的头脑之中。三是,理之逻辑。理所依据的逻辑方法,乃归纳而非演绎。理为动作,依对象而理,从具体的经验和实践中归纳理,此为中国古代哲学之一般路线。特别是在伦理与审美、文学批评理论与实践上,由实在的个体经验而起的具体的理,皆可证明理的基本方法。中国古代逻辑的建构与实际路线,即重归纳而轻演绎的基本取向,其道理就在于此。四是,理与情及欲的纠缠。理中之情与情中之理,是区别于西方理性之要害。中国的理与情及欲融为一体,理乃情,情为理,理的生成与应用,既广阔亦混沌。在认知和阐释上,多条路径与纷争,均由此而起。尤其应该讨论的是,情与欲皆为非理性行为,乃形而下之物。情与欲重在生命与意志,重在本性与冲动,重在偏好与直觉,为阐释本质与展开方式的鉴别和定义,明显制造了混乱,同时也开启了空间。相比较而言,西方传统理性,首先是名词意义。其语义重在描述人的思维和思想能力,思辨和逻辑形式,以及基于感性和知性之上更高一级的认知方式与过程。其能指与所指均为思维过程本身,而非思维对象;它由感性而来,却与感性严格区别;它发现并发掘了非理性,但拒绝非理性介入自身。中国古代之“理”,首义为动作,即动作之理、行进之理,而非思维意;理与所求对象同一,于对象之中循道确理;理之成因与表述与思辨及逻辑无直接关涉,与感性、本能、直觉,与比喻、借喻、隐喻交织密集。准此,我们定义:中国之理,是实践理性之理,乃实践智慧的直观表达;西方之理性,是理论理性之理,乃理论智慧的逻辑表达。辨析与认知于此,了然东西方理与理性的传统及深刻差别,是构建中国当代阐释学的前提与起点。

二、“性”义考

“性”,中国古代哲学核心概念。诸多学派与学说,均以“性”为中心组织和展开自己。“性”的独立使用,能指甚多,但以下几种,当于阐释学有重要意义。

第一,“生命”。

“性”为“生命”或“性命”,乃“性”之本义。《玉篇·心部》:“性,命也。”此处“命”者,乃“生命”义,是“性”为“命”的清晰定义。《左传·昭公八年》“莫保其性”,杜预注:“性,命也。民不敢自保其性命。”①《诗·大雅·卷阿》“俾尔弥尔性”,朱熹《集传》:“性,犹命也。”②《庄子·徐无鬼》:“性命之情。”其中“性”

①杜预注,孔颖达疏:《春秋左传正义》,载阮元校刻:《十三经注疏》,第2052页。

②朱熹集注:《诗集传》,第198页。

均为"命"意。"性"何以为"命"？根据有二。其一,命为物质结构的形体。性载于生命。有命则性存。《庄子·天地》言:"物得以生,谓之德;未形者有分,且然无间,谓之命;留动而生物,物成生理,谓之形;形体保神,各有仪则,谓之性。"庄子的意思是,万物均由道而生成,由道而支配,物分有生和无生之体,有生之体结构自身形体,形体中蕴含精神,此乃性也。命与性,相互依存、互为有无之义明矣。颜元的"非气质无以为性"说,也证明性与命的统合。颜元曰:"耳目、口鼻、手足、五脏、六腑、筋骨、血肉、毛发俱秀且备者,人之质也","呼吸克周荣润,运用乎五官百骸,粹且灵者,人之气也","故曰'人为万物之灵'","其灵而能为者,即气质也,非气质无以为性,非气质无以见性也"。① 人的生理结构,亦即命之本体,是气质乃性的存在之本,气质与性统一,性依附于命,性与命统一。戴震依据阴阳五行气化流行的宇宙观,认证性与生命本体的关系。戴震言:"《大戴礼记》曰:'分于道谓之命,形于一谓之性。'言分于阴阳五行以有人物,而人物各限于所分以成其性。阴阳五行,道之实体也;血气心知,性之实体也。"②所谓血气,命之实在形态是也。无血气则无性,性同为命,无歧义。此言甚是。性的生成链条清晰,性与命的物质基础牢靠。其二,"性"与"命"的组合,充分表达性与命之一体。《荀子·哀公》:"则若性命肌肤之不可易也。"《礼记·乐记》:"则性命不同矣。"《易·乾卦·

①颜元:《存性编》卷一《性理评》,《丛书集成初编》第672册,北京:中华书局,1985年,第16页。

②戴震著,何文光整理:《孟子字义疏证》卷中《天道》,第21页。

象传》:“各正性命。”荀悦《申鉴·杂言下》:“或问性命,曰:‘生之谓性也,形神是也。’”①由上见,古代文字中,“性”“命”组合久矣。从语义学的视角,证明了性与命的一致。对此论述最为透彻者,当为许慎。《说文·人部》释:“人,天地之性最贵者也。”由性入手释人即命,自然赋予性以生命意义。段氏则从古字“性”与“生”同入手,言“‘性’,古文以为‘生’字”,直指“性”与“命”的同源本义。后引《礼记·礼运》,从天人合一,人乃天地之心、五行之端论起,证明性与命之一体:“人者,其天地之心也,五行之端也,食味、别声、被色而生者也。”②人之所以为天地之心、五行之端,与人能食味、别声、被色而互证。这里的食味、别声,当是孟子、荀子所言之五官功能,自然为性也。所谓“被色而生者”,当指人之生命由自含其色而生,由命而性,由性而命,性命同一也。

第二,“本能”。

这是中国古代“性”之语义核心之点。性为本能,人之质也。《论衡·本性》:“性,生而然者也。”所谓生而然者,就是本能,人生而具有的本能。从天地人寰的关系看,性自然而来,首先是本能。本能何以存在并展开?其一,求生。此乃本能第一要义。生命的自然过程,最核心、最根本的内容是生存与延续。《礼记·礼运》:“饮食男女,人之大欲存焉。”《孟子·告子上》告子曰:“食色,性也。”这是本能最直接的表达。人凭能量生存,唯一途径为食。无食则无生。食当然为本能。孔子“食不

①荀悦:《申鉴》,《四部丛刊初编》第59册,第4页。

②许慎撰,段玉裁注:《说文解字注》八篇上,第365页。

厌精”，就是明证。《庄子·马蹄》言：“彼民有常性，织而衣，耕而食，是谓同德。”何谓常性？亘古不变，人皆具之的性。织而衣为取暖，耕而食为饱腹，由此乃生存。常性就是本能。人凭男女延续，唯一途径乃色。无男女则无后。色当然为本能。食色，人的自然属性，无论何人，无论什么理论，都必须首先承认并立足于此，人生一切讨论皆以此为根基。其二，五官之功能。《荀子·性恶》：“若夫目好色，耳好声，口好味，心好利，骨体肤理好愉佚，是皆生于人之情性者也；感而自然，不待事后生之者也。”人之感知，生于五官，五官功能与生俱来。无此功能不可谓健全之人，此当生之本能。所谓性者，“本始材朴也”（《荀子·礼论》），即生理素质。无此，无所谓性。对此，孟子极力反对。他否定生理本能为性，乃言：“人之有道也，饱食暖衣，逸居而无教，则近于禽兽。”（《孟子·滕文公上》）又言：“口之于味也，目之于色也，耳之于声也，鼻之于臭也，四肢之于安佚也，性也。有命焉，君子不谓性也。”（《孟子·尽心下》）然而，在以上论辩中，我们依然看到，虽然孟子极力主张五官之功能不可言性，但并不意味着他要否定五官本能之存在。所谓“饥者易为食，渴者易为饮”（《孟子·公孙丑上》），“五谷熟而民人育”（《孟子·滕文公上》），乃“食色，性也”之同言同义。其所言“不谓性也”，则进一步肯定了这种由感官所生，且与其他生物同类并存的生理本能，是先验的，不可消解的。当然，也突出了他所认定的、区别于其他生物的另类本能。其三，共通感。首先表现于五官感觉之通。孟子详细论证于此，定论并发问：“口之于味也，有同耆焉；耳之于声也，有同听焉；目之于色也，有同美焉，至于心，独无所同然乎?”(《孟子·告子上》)由此,共通感上升为一个更高层次,即普遍的心理层次。孟子曰:“恻隐之心,人皆有之;羞恶之心,人皆有之;恭敬之心,人皆有之;是非之心,人皆有之。恻隐之心,仁也;羞恶之心,义也;恭敬之心,礼也;是非之心,智也。仁义礼智,非由外铄我也,我固有之也,弗思耳矣。”(《孟子·告子上》)所谓“我固有之”,乃天性即本能也。此本能同样与生俱来,无须后天养成。尤其是人见孺子落井之时,必有“怵惕恻隐之心”,所以谓:“人皆有不忍人之心。”(《孟子·公孙丑上》)这种恻隐之心,孟子认为乃非五官感觉类的本能,却是异于禽兽而人独有的天性、本能。这种本能同样为人人所有,与生俱来,“犹其有四体也”(《孟子·公孙丑上》)。共通感的效应表现在文学批评上。孟子是讲“以意逆志”的,《孟子·万章上》:“故说诗者,不以文害辞,不以辞害志,以意逆志,是为得之。”何以以意逆志?只因共通感矣!于感官,“惟耳亦然。至于声,天下期于师旷,是天下之耳相似也。惟目亦然,至于子都,天下莫不知其姣也。不知子都之姣者,无目者也”(《孟子·告子上》)。于天性,“周余黎民,靡有孑遗”。何以知诗人志在忧旱?赵岐释之:“人情不远,以己之意,逆诗人之志,是为得其实矣。”①所谓“人情不远”,乃性与本能相通也,由此可以后人之意逆前人之志也。

第三,“情欲”。

性与情及欲的同一或统一,在诸多学派和学说中几为一贯。

①焦循撰,沈文倬点校:《孟子正义》,第688页。

荀子的表达最是直接。《荀子·正名》:“情者,性之质也。”荀子从性的本质说,情是性的本质、核心,不仅说明了情与性的一致,而且突出了情在性中的主导地位,把情与性的同一性强调到极致。《国语·周语上》“而厚其性”,韦昭注:“性,情性也。”①《论衡·本性篇》:“情性者,人治之本。”②性为情性,而非性情,情的主导意味亦浓。情与性的一致或曰相溶相合,董仲舒谈论颇多:“天地之所生,谓之性情。性情相与为一瞑,情亦性也。”“身之有性情也,若天之有阴阳也。言人之质而无其情,犹言天之阳而无其阴也。”③王安石从性与情的不同存在和表现方式论情性关系:“性情一也……喜怒哀乐好恶欲未发于外而存于心,性也。喜怒哀乐好恶欲发于外而见于行,情也。性者情之本,情者性之用。”④进一步扣紧情与性的深刻联系,强调其不可分、不可独而论之,颇有见地。应该讲,此为中国古代性情论的基本倾向,少有异见。既如此,情又为何物?各家多有不同。大致可以概括为四种说法。《中庸》:“喜、怒、哀、乐之未发,谓之中。”有人认为孟子的“四端”即恻隐、羞恶、辞让、是非之心亦可视为情,当可讨论。此四情说。《大戴礼记·文王官人》“民有五性”,卢辩注:“喜、怒、欲、惧、忧,以其俱生于人而有常,故亦谓之性也。”⑤

---

①徐元诰撰,王树民、沈长云点校:《国语集解》,第2页。

②黄晖:《论衡校释》,第132页。

③苏舆撰,钟哲点校:《春秋繁露义证·深察名号第三十五》,北京:中华书局,1992年,第298、299页。

④王安石:《临川文集》卷六十七《论议·性情》,《文渊阁四库全书》第1105册,第555页。

⑤黄怀信主撰:《大戴礼记汇校集注》,西安:三秦出版社,2005年,第1117页。

王聘珍《解诂》:“性,情之本也。”①此五情说。《左传·昭公二十五年》:“民有好、恶、喜、怒、哀、乐生于六气。”《荀子·正名》:“不事而自然谓之性,性之好、恶、喜、怒、哀、乐谓之情。”此六情说。《礼记·礼运》:“何谓人情?喜、怒、哀、惧、爱、恶、欲,七者弗学而能。”此七情说。在这些不同时代的规定中,可以注意的是,从四情、六情说,无“欲”;从五情、七情说,欲类于情,而非独立。欲与其他六种感受并列,失却情欲组合之同位。欲为何物?《说文·欠部》:“欲,贪欲也。”《玉篇·欠部》:“欲,愿也。”《孟子·尽心下》:“养心莫善于寡欲。”赵岐注:“欲,利欲也。”②《吕氏春秋·重己》:“使生不顺者,欲也。”高诱注:“欲,情欲也。”但无论如何类别摆布,欲为情,情为性,可为主流,欲与情以至与性的同类,甚至于同位关系,不可绕过。欲之本相,欲与情乃至性的相互依存、转化,始终为中国古代性之理论的核心问题。宋以降而兴盛不衰的理欲之辨则为明证。

性也蕴含气质或秉性,亦即性情。《论语·阳货》“性相近也”,朱熹注:“此所谓性,兼气质而言者也。”③直接概括性乃气质。《易·乾卦·文言》:“利贞者,性情也。”孔颖达疏:“性者,天生之质正而不邪。”④《汉书·董仲舒传》:“质朴之谓性。”⑤确切标明性情亦为品格。

---

①王聘珍撰,王文锦点校:《大戴礼记解诂》,第191页。
②赵岐注,孙奭疏:《孟子正义》,载阮元校刻:《十三经注疏》,第2779页。
③朱熹:《论语集注》,《四书章句集注》,第175页。
④王弼、韩康伯注,孔颖达正义:《周易正义》,载阮元校刻:《十三经注疏》,第17页。
⑤班固:《汉书》,第2515页。

第四,“直觉”。

在性的视域下讨论直觉,必有三问。其一,何谓直觉。所谓直觉,原本西方哲学之概念。在中国古代哲学范畴中,另有一套独立的表达。对此,张岱年提出,中国古代的两种提法是“体道”与“尽心”。体道者“即直接的体会宇宙根本之道”;尽心者“即以发明此心为方法”,两者均为直觉的方法,“不过一个向外一个向内”。老子的“玄览”,便是体道,乃直觉之具体方式。① 老子由玄览而悟入,“不出户,知天下;不窥牖,见天道”,“不行而知,不见而名,不为而成”(《老子》第四十七章)。“涤除玄览,能无疵乎?”(《老子》第十章)更清晰的一些表达,诸如《易·系辞上》:“《易》无思也,无为也,寂然不动,感而遂通天下之故。”《中庸》:“诚者,天之道也,诚之者,人之道也。诚者,不勉而中,不思而得。”《大戴礼记·文王官人》:“执之以物而遬决,惊之以卒而度料,不学而性辨,曰有虑者也。”所谓“不思而得”“不学而性辨”“感而遂通天下”,由此看,中国古代有关直觉的定义及边界,应该是清晰的。用现代语言说,直觉就是非感性、非逻辑、非思辨的心理甚至为生理——庄子之“心斋”与“坐忘”——行为。古代哲学以至佛学中,乃存一“寤”字,可为直觉之意蕴定位。“性者,心未萌也;无心则无意矣。”②《列子集释》卢重玄解:“既寤于道也,自不因外物以得之。疲而睡者,冥于理,去嗜欲也。识神归性,不可以情求也。不能以告若者,心澄

①张岱年:《中国哲学大纲》(下),第663、664、667页。
②《关尹子·四符篇》,《文渊阁四库全书》第1055册,第561页。

忘言也。"①所谓"寤",《说文·㝱部》:"寐觉而有信曰寤。"《尔雅·释言》"逜,寤也",邢昺疏:"寐而觉之曰寤。"释慧琳《一切经音义》卷五:"寤,寐中有所见,觉而信也。"此"寤"与"寐"相关,"寐"中乃"寤","寤"乃"寐寤"。中国古代佛学,亦有"寤入"说,言一种以直觉了知本体实相的心理过程和境界。悟为顿悟,即突然觉悟意,应与庄子之"朝彻"同义。中国古代文论尤崇悟或曰妙悟,《沧浪诗话》"诗道亦在妙悟"是也。此所谓寤、妙悟,直觉之典型矣。

其二,直觉由何而来。性生直觉,或可曰直觉乃性。《论语·季氏》"生而知之者,上也"已见端倪。何谓"生而知之","生"为何意? 孔子未论。然"性者,生也",已尽源头。生而知之由性而来可谓一条重要线索。所谓"不思而得","不学而性辨",乃"生而知之"的最好注解。孟子的"良知""良能"说,实乃直觉论也。《孟子·尽心上》:"人之所不学而能者,其良能也;所不虑而知者,其良知也。"所言不学而能,不虑而知,又如同篇云:"孩提之童无不知爱其亲者,及其长也,无不知敬其兄也。亲亲,仁也;敬长,义也。"直觉性认知生之于性,或言性乃直觉足见大端。更有甚者,有李轨所谓:"性者,天然生知也。"②王安石所谓:"不听而聪,不视而明,不思而得,不行而至,是性之所固有而神之所自生也。"③《关尹子》所谓:"惟圣人知我无

①杨伯峻:《列子集释》卷二《黄帝篇》,北京:中华书局,1979 年,第 43 页。
②汪荣宝撰,陈仲夫点校:《法言义疏·五百》,第 276 页。
③王安石:《临川文集》卷六十六《论议·礼乐论》,《文渊阁四库全书》第 1105 册,第 542 页。

我,知物无物,皆因思虑计之而有,是以万物之来,我皆对之以性,而不对之以心。性者,心未萌也,无心则无意矣。”①直觉为性,或性生直觉,可以确证。

其三,直觉何为。此为目的论说辞。简言之,知天,悟道,入理。《孟子·尽心上》曰:“尽其心者,知其性也,知其性则知天矣。”张岱年评论:“孟子的方法亦是一种直觉法。此种直觉法,注重反省内求。用思的工夫,以自省其心;自省其心,以至于无不尽,便能知天了。”②《庄子·知北游》言:“黄帝曰:无思无虑始知道,无处无服始安道,无从无道始得道。”此类无思无虑、无处无服、无从无道的直觉之法,目的就是一个,识道得道。邵雍说得更为透彻:“夫所以谓之观物者,非以目观之也。非观之以目,而观之以心也。非观之以心,而观之以理也。天下之物,莫不有理焉,莫不有性焉,莫不有命焉。所以谓之理者,穷之而可知也。所以谓之性者,尽之而后可知也。所以谓之命者,至之而后可知也。此三者,天下之真知也。”③以直觉穷理、尽性、至之,其目的与功效明晰。

第五,“理”与“德”。

性为理,是性之为性的当然命题。性域下的“理”是名词意义的“理”,在宋明理学中,天理、伦理的倾向更鲜明一些。《论语·公冶长》“夫子之言性与天道”,朱熹《集注》:“性者,人所受之天理。”④《孟子·滕文公上》:“孟子道性善。”朱熹《集注》

①《关尹子·四符篇》,《文渊阁四库全书》第1055册,第561页。
②张岱年:《中国哲学大纲》(下),第673页。
③邵雍著,王从心整理,李一忻点校:《皇极经世》卷六十二《观物内篇之十二》,北京:九州出版社,2003年,第462页。
④朱熹:《论语集注》,《四书章句集注》,第79页。

引程子曰:“性,即理也。”①朱熹乃自言:“性即理也,当然之理,无有不善者。”“天地间只是一个道理,性便是理。人之所以有善有不善,只缘气质之禀各有清浊。”②程颐:“性即理也,所谓理,性是也。”③陈淳论述了一番性之为理的根据:“性即理也。何以不谓之理而谓之性?盖理是泛言天地间人物公共之理,性是在我之理。只这道理受于天而为我所有,故谓之性。性字从生从心,是人生来具是理于心,方名之曰性。其大目只是仁义礼智四者而已。”④于性下论理,“理”所具有的名词意义尽可包含其中,性的广大,也由此而混沌难言。德与性亦很难区分。“德”与“性”的拼接组合,本身就意味德与性的不可分割。《礼记·乐记》:“德者性之端也。”《大戴礼记·劝学》:“偏与之而无私,似德。”王聘珍《解诂》:“德者,得其性者也。”⑤《左传·成公十六年》“民生厚而德正”,孔颖达疏:“德,谓人之性行。”⑥孟子的“仁义礼智”乃性之本义与核心,其仁义礼为上德。其性善说,本身就是性的道德意义上的规定。王守仁评论:“仁、义、礼、智也,是表德。”⑦

---

①朱熹:《孟子集注》,《四书章句集注》,第251页。

②黎靖德编,王星贤点校:《朱子语类》卷四《性理一》,第67、68页。

③程颢、程颐撰,王孝鱼点校:《二程集·河南程氏遗书》卷二十二上《伊川先生语八上》,第292页。

④陈淳撰,熊国祯、高流水点校:《北溪字义》卷上《性》,北京:中华书局,1983年,第6页。

⑤王聘珍撰,王文锦点校:《大戴礼记解诂》,第135页。

⑥杜预注,孔颖达疏:《春秋左传正义》,载阮元校刻:《十三经注疏》,第1917页。

⑦王阳明撰,邓艾民注:《传习录注疏》,上海:上海古籍出版社,2012年,第36页。

唐甄直接称“四端”为“四德”，“推此四端以求四德，毋违，毋作，因其自然，具备无缺。”“圣人之于四德也，神化无穷；众人之于四德也，致远则泥。”①由此看，孟子的“性”与“德”确不可分。文子说得更直接一些。《文子·上礼》曰：“循性而行谓之道，得其天性谓之德。”《淮南子·缪称训》：“德者，性之所扶也。”同书《齐俗训》：“得其天性谓之德。”由此可证，天性即德，生而就之，无间隔、无障碍，浑然一体。所谓德，有极为广大的内含。除上面提及的四德说外，尚有五德说：“德，谓仁义礼智信五德也。”②六德说：“智、仁、圣、义、中、和。”③七德说：“禁暴、戢兵、保大、定功、安民、和众、丰财者也。”（《左传·宣公十二年》）统言之，在中国传统文化中，德不仅是个人的道德修养与内心品质，而且是公共理性的构成要素，公共价值的基本标准。更重要的是，德与认知、致知紧密联系，以至为知的基础和方法。《庄子·大宗师》曰：“且有真人而后有真知。”所谓真人，是道德意义的评断。古之真人乃“其寝不梦，其觉无忧，其食不甘，其息深深”（《庄子·大宗师》），皆为德也。有德才可“心虚”，才可“大通”，才可有“真知”。张载曰：“穷神知化，乃养盛自致，非思勉之能强；故崇德而外，君子未或致知也。”④程颢曰：“学者须先识仁。仁者，浑然与物同体，义、礼、知、信皆仁也。识得此理，以诚敬存之而已，不须防检，

①唐甄撰，注释组注：《潜书注》上篇《宗孟》，成都：四川人民出版社，1984年，第21页。

②郭庆藩撰，王孝鱼点校：《庄子集释》卷四上《骈拇第八》，第311页。

③陆德明撰，黄焯断句：《经典释文》卷二十四《论语音义》，第345页。

④张载：《张子全书》卷二《正蒙·神化篇第四》，《文渊阁四库全书》第697册，第110页。

不须穷索。”①德性与致知相连，无德性，无致知。此点，深刻影响了中国古代哲学与认知方法的构建。

西方没有直接与中国古代“性”相对应的概念。但“性”所包含的生命、本能、直觉、情欲等要素，以及由此而膨胀张扬的诸多非理性特征，在西方现当代哲学中有大量论述和表达，且已成为当代哲学及本体论阐释学的基础理论和基本方法。与此相比较，特别是与狄尔泰、柏格森的生命哲学，尤其是其中诸如生命、本能、直觉、情欲等核心概念相比较，中国古代性之观念，具有鲜明的独立特征。集中表现在：其一，生命、本能、情欲非绝对生物性的，非简单的生命欲求，而包含深刻的人性和道德诉求。性乃人性，性中所寓的本能、意志、冲动皆为人之本性，不同且质别于动物同有的全部。尤其是其中所特有的道德诉求，决非西方哲学的绝对生命与本能可与相比。孟子之仁义礼智乃性之本义与核心就是明证。延绵已久的性善性恶论，更是凸显性的本义与价值取向。其二，性与理不是对立的，而是相融相通的。西方之生命哲学，拒斥理性和理性之功能，将理性与生命彻底割裂，生命、意志、本能与理性完全对立。中国古代之性，天然包含理之要素。所谓“性，即理也”；“理者存乎欲者也”，便是定义。其三，性之诸要素非绝对自由，而是为理所顺，为理所率的。西方的生命哲学强调生命冲动是任意的、盲目的、偶然发生的，不服从任何自然规律或理性规训。中国古代之性观念强调，性由道率、性由理顺，非无规制与约束也。“顺性命之理”（《易·说卦》）、“率性

①程颢、程颐撰，王孝鱼点校：《二程集·河南程氏遗书》卷二上《二先生语二上》，第16—17页。

之谓道”(《中庸》)是也。概言之,中国的性观念,严格区分了人性与生物性之界线,性观念中所包含的理与德,更重要的是它所容纳的伦理及价值意义,彰显了人类自觉的道德追求。准此,我们判断,中国古代之性,当为伦理之性。

从阐释学的立场出发,有必要深入比较东西方所言“直觉”之不同意义。依照西方的直觉论说,其直觉一般可谓人的心灵或心理活动。此类心理活动与理性的逻辑推理及演绎过程无关。它可以通过精神的直视来整体把握事物和现象,是一种非理性的体验功能。中国古代的直觉,亦指“生而能辨”①(孔广森注)的本能或能力。但此本能更多的是在一个伦理与道德框架下存在并发生意义的。譬如,孟子的“仁义礼智”之“智”,就是一种直觉或本能,但它是在恻隐之心、羞恶之心、恭敬之心的道德框架内被规定,而非认知意义下被规定。智非知也。智者,与愚相对,与慧相连,更可证智之本义,应为人的认知与认识潜能,乃“生而能辨”之本性,非感性,更非所谓知的理性思维及逻辑演绎方法与过程。孟子曰:“是非之心,智之端也。”(《孟子·公孙丑上》)何谓端?起点是也。起点之下乃智之潜能,而非知之本身,此可证矣。更重要的是,由孔孟开始,中国传统文化塑造了深厚的道德伦理传统。伦理乃中国文化的核心内容。一事一物置之于前,中国人的判断与认知,本能地归指于道德。道德之优先选择与判断,已成为一种民族的“集体无意识”而发生作用。道德标准通不过的,其他均难通过。道德标

①黄怀信主撰:《大戴礼记汇校集注》卷十《文王官人》,第 1105 页。

准乃一切是非的首要标准。准此,我们定义,中国的直觉乃道德直觉。

三、"理""性"之辨的阐释学意义

以上考据证明,中国古代"理"之本义,与西方古希腊以来的哲学传统所彰显的理性意义差别巨大。"性"之本义,与19世纪兴起并泛滥至今的非理性主义,有相似,但更多为差异,乃至本质性差异。在阐释学意义下,如此巨大之差异,将决定当代中国阐释学的构建不同于西方,尤其是不同于20世纪以来,由海德格尔、伽达默尔所创立,并依然占据统治地位的西方当代阐释学框架。由此,我们讨论阐释学理论中一些重要的原点性问题。对这些问题的不同回答,决定了阐释学构建的不同原则及方法论要义。

第一,阐释由何而起。每一个确定的个体,对现象的体验、理解与阐释,皆由性起。性的全部构成,生命、本能、情感、直觉,因为现象的刺激,自然发生的神经感应,是全部认知的起点。尤为审美,美的感触与冲动,首先起于五官机能的自然反应。明月积雪,大漠孤烟,长河横沉,性情之人由目视而起,瞬间为之震撼,万千感慨喷薄奔发,或低吟、或高歌、或静而默之,皆为神经性、生理性反应,与思辨、逻辑无关。所谓"感物而动"是也。对文本感应亦当如此。钟嵘论张协:"词采葱蒨,音韵铿锵,使人味之亹亹不倦。"①由听觉而起,止于听觉矣。王国维论永叔句

①钟嵘:《诗品》,《丛书集成初编》第2545册,北京:中华书局,1991年,第19页。

“人生自是有情痴，此恨不关风与月”，“于豪放之中有沉着之致，所以尤高”，①虽怀阐释之意，终乃性情之语。阐释由性而起，伽达默尔亦有同见。其直接表达是：“现在对于我们来说重要的东西就在于：共通感在这里显然不仅是指那种存在于一切人之中的普遍能力，而且它同时是指那种导致共同性的感觉。”②其言理解与阐释的四重要素——教化、共通感、判断力、趣味，并由教化说起，以为体验，主要是审美体验，以教化为统领，以共通感—判断力—趣味为同构，使理解和阐释成为可能，最终生成“教化解释学”。③ 我们认为，阐释，作为一种以理解为基础的公共表达，中国古代所言之性，即人的趣味、判断力，以及人所自然承载的人类共通感，是阐释生成与传播的原始起点，阐释因此而可能。与伽氏的顺序相反，我们从趣味说起。伽氏定义：“趣味是某种类似于感觉的东西，它的活动不具有任何有根据的知识。”④对此范畴或概念，中国古代经典作家，尤其是文艺理论与批评家多有所言。譬如，《列子·汤问》：“曲每奏，钟子期辄穷其趣。”《沧浪诗话·诗辨》：“盛唐诸人，惟在兴趣，羚羊挂角，无迹可求。”⑤阐释由性起，当为一证。关于判断力，伽氏

---

①王国维：《人间词话》卷上，上海：上海古籍出版社，2013 年，第 29 页。

②汉斯-格奥尔格·伽达默尔著，洪汉鼎译：《诠释学》Ⅰ《真理与方法——哲学诠释学的基本特征》，第 35 页。

③何卫平：《理解之理解的向度——西方哲学解释学研究》，北京：人民出版社，2016 年，第 174 页。

④汉斯-格奥尔格·伽达默尔著，洪汉鼎译：《诠释学》Ⅰ《真理与方法——哲学诠释学的基本特征》，第 58 页。

⑤严羽：《沧浪诗话》，《丛书集成初编》第 2571 册，北京：中华书局，1985 年，第 6 页。

说:“趣味概念无疑也包含认知方式。”由此,体验生成判断——判断力。此判断力非理性的、逻辑的判断,而是一种“感情或情趣的特质”。此类“道德的和审美的判断不服从理性”。这种判断力“一般来说是不能学到的,它只能从具体事情上去训练,而且在这一点上,它更是一种类似感觉的能力”。① 伽氏的观点,与孟子的“四端”说一致。所谓智者,是非之心,就是一种与生俱来的判断力。它与仁、义、礼一并,为原始的体验和理解烙下先验道德的印迹,使人有天生道德自律。在此基础上,共通感发生作用。可以判断,人类的共通感,是由个体物质的、神经的、心理的感应逐步整合而成的,是历史的、进化的、过程的复合体。西方哲学史上,共通感的概念早至亚里士多德,到维柯那里有了更高的概括。伽达默尔对维柯认为“那种给予人的意志以其方向的东西不是理性的抽象普遍性,而是表现一个集团、一个民族、一个国家或整个人类的共同性的具体普遍性”,给予赞赏。② 以此视角看,西方学者对于共通感的认知和定义,更深刻、更广大。确已由具体的感官共通,由个别人之共通,上升为集团、民族、国家以至全人类的共通,为阐释的普遍可能落实了根据。相比较而言,中国古代,除上述孟子从生理感官功能说起,论及义理相通的言论,为阐释之可能提供物质根据外,北宋邵雍的共通感更广大一些,明显有超越个体而向集体进步的意

①汉斯-格奥尔格·伽达默尔著,洪汉鼎译:《诠释学》I《真理与方法——哲学诠释学的基本特征》,第 57、50 页。

②汉斯-格奥尔格·伽达默尔著,洪汉鼎译:《诠释学》I《真理与方法——哲学诠释学的基本特征》,第 35 页。

向:“是知我亦人也,人亦我也,我与人皆物也。此所以能用天下之目,为己之目,其目无所不观矣。用天下之耳,为己之耳,其耳无所不听矣。用天下之口,为己之口,其口无所不言矣。用天下之心,为己之心,其心无所不谋矣。”①很明显,邵子与孟子的路线相反,邵子不是从自身出发论通感,而是从天下人出发论通感,表明个体之感观和体验与天下人一致,以及一致的可能与根据。所谓共通感也由五官功能而起,上升为心之相通。阐释何以可能,此乃阐释学构成的核心原点问题。我们的回答是,以人之心理、情欲、直觉及以此为基础的共通感,使阐释成为可能。人类对此在的生存感受基本一致,对未来生存的自然渴望基本一致,是阐释生成与展开的物质与心理基础。我们主张,阐释是公共行为。公共者,公众之共同也。在人口众多、利益众多的世界上,公众之共同何在?最基础、最普遍的是,且只能是,物质与心理同构的共通感。此为阐释由性而起,阐释的起点在性的最可靠根据。

第二,阐释落脚于何处。阐释由性而起,是否意味着阐释就要停滞于性,或任由性之膨胀、扩张,决定于性?我们的判断是,阐释虽由性起,但必须由理而顺之、理之,阶段性地上升、落脚于理,并由此而回复性,再由性而理,如此循环往复,以至无穷,不断接近真理性认识。根据如次。

其一,性从生来,性情一也,决定了性乃低于理之本然地位。《孟子·告子上》:“生之谓性也。”《论衡·本性》:“性,生而然

①邵雍著,王从心整理,李一忻点校:《皇极经世》卷六十二《观物内篇之十二》,第465页。

者也。”①《吕氏春秋·荡兵》：“性者，所受于天也。”②中国古代所言之性，天然地包含着一切与动物共有的本然之性。尽管孟子竭力辨而拒之，但他也必承认五官之感觉乃性之本能，无可变更。而荀子以后的诸多性说，大多给性以充分肯定。人首先是动物，然后才是有思想的社会动物。这是实事求是的。对阐释而言尤其重要的是，中国古代之性，天然地与情及欲相融相生，而情及欲，是高于器官之本来感觉，并为具有深刻浸润性、塑造性的重要因素。所谓性有善恶，或亦善亦恶说就源于此。对前者，即予动物之性以警惕和改造者，学人多有论述。最有说服力的是，对告子名言“食、色，性也”，焦循《正义》谓：“饮食男女，人之大欲存焉。欲在是，性即在是。人之性如是，物之性亦如是。惟物但知饮食男女，而不能得其宜，此禽兽之性，所以不善也。人知饮食男女，圣人教之，则知有耕凿之宜，嫁娶之宜，此人之性所以无不善也。人性之善，所以异于禽兽者，全在于义。”③此乃一证。对后者，学人亦主张，不可无情，亦不可溺于情，必当以情从理，以性率情。王弼验求“应物而无累于物”的圣人之情是也。④《易·乾卦》王弼注：“不性其情，何能久行其正？”“利而正者，必性情也。”⑤更

①黄晖：《论衡校释》，第140页。

②吕不韦著，陈奇猷校释：《吕氏春秋新校释》，第388页。

③焦循撰，沈文倬点校：《孟子正义》，第797—798页。

④陈寿：《三国志·魏书》卷二十八《钟会传》注引何劭《王弼传》，北京：中华书局，1959年，第795页。

⑤王弼、韩康伯注，孔颖达正义：《周易正义》，载阮元校刻：《十三经注疏》，第17页。

有宣示力量。所谓性情,乃性其情也,是对情的束缚引导。尤其应该强调的是,中国古代的性与理及德捆绑在一起,有理便有性,有性便有德。此论率领者,仍为孟子“四德”说也。性本然于道德框架下存在并展开,是不争之事实。由此看,阐释由性而起并止于性,不可。性其情,理其性,落脚于理,乃阐释之正道。

其二,性之模糊与晦暗,难以实现阐释之功能。阐释是澄明的阐释,澄明的阐释依靠于理而超越于性。阐释者对他人的阐释,是居于对象与理解者之间,寻求最大重合的阐释。阐释的功能应该是,将对象所具有而他者所不知或不同的一切,经过说明和释义,让各方获得理解和接受。面对现象,阐释者的理解由性而起,构造阐释者本人对现象的体悟和感受,其性无论如何直接和深刻,皆非阐释也。停留于性与对象的碰撞与触摸,展开阐释者自身的言说过程,此为理解且只能是理解。一旦有阐释的目的,进入阐释过程,将自己的理解阐释于人,阐释者必须超越自身的直觉、感悟,将非理性的、不可教、不可学的性,变成可教可学,他人亦可言传的理,授于他人,并被他人理解和接受。停留于性,或以性传性,阐释失去效能。阐释超越于性,理性要件有二。一是,精当的语言及思维。性的体悟无须语言,语言甚至还是障碍。阐释则是语言的阐释。失去语言,性之感悟无法转释于他人。语言与思维密不可分,语言是思维的载体,思维依靠语言。阐释者居间说话,其本质和方式,就是操用语言,解释性、提升性,将性的直觉与感悟,转换为他人可以理解的概念、范畴,使性上升为理。由性而语言,由语言而概念,此乃“诠释学经验本身的进行方式”。① 据此,我们坚持阐释必须是理性行为。无理性,无阐释。二是,阐释须克服晦暗,给他者以澄明。此乃阐释之基本要求。为什么要阐释?首先,是将他人曾经有过的体验,再现并清晰起来,获得与阐释者同样的体验。其次,是把被他者误验、误读的对象,理顺纠正过来,使他人因此而澄明。在此一点上,由理与性的关系说,澄明就是“理其性”,将性的原始体验与感受,梳理为澄明的道理或条理,使他人正确进入理解,获得理解。阐释的功能由理性的规范而实现。

其三,性,非思维、非逻辑,阐之于人,难通也。上述已言及,性为直觉,以直觉之判断力,实现自身。此种判断力以性为载体,非思维、非逻辑,难以建立完整科学的概念系统,难以为公众和公共所理解与接受。中国的理亦如此。理为动作,寻实际纹理而去,动作高于思维。理为天理,乃对象,无辨析和认知对象之逻辑。所谓实践智慧,逻辑上的表现,必然以个别经验为基点,归纳为上。理性的演绎方法从未提上日程。基本的逻辑规则被漠视,直觉表达为直觉,阐释的公共性,难以实现。墨子逻辑的核心方法,“摹略万物之然,论求群言之比,以名举实,以辞抒意,以说出故,以类取,以类予”(《墨子·小取》)的模式,深刻影响中国文学阐释的路径选择与方法,使中国古代的文学阐释,始终满足于性与情的感受之摹,类取与类予的混沌之喻。司空图《二十四诗品》颇为典型。一种风格或气象,如何定义、如何

①汉斯-格奥尔格·伽达默尔著,洪汉鼎译:《诠释学》I《真理与方法——哲学诠释学的基本特征》,第566页。

概念,并非基于严格逻辑规则的判断与推理,有的只是摹略与类比。由图像比拟概念,无确当的推理论证,由性情而生起的风格阐释,仅至于此。所谓“雄浑”,乃“荒荒油云,寥寥长风”;所谓“高古”,乃“月出东斗,好风相从”。这种以类取,以类予的方法,有直观、形象的长处,但亦有致命之缺陷。作为概念,既无内涵之概括,又无外延之规定,停留于如此直觉性状态,阐释难有大成。西方美学理论史上,康德对“崇高”概念的论证可作比较。其定义自然界的崇高:“自然,在审美的评赏里看作力,而对我们不具有威力,这就是力学的崇高。”其定义情绪的崇高:“崇高情绪的质是:一种不愉快感,基于对一对象的审美评定机能,这不愉快感在这里面却同时是作为合目的的被表象着。”①我们无意讨论康德有关“崇高”概念的定义是否确当合理,只是在逻辑方法上作出比较,指出东西方逻辑思维方式上的巨大差异。对阐释而言,一切理解“都同概念性具有内存的关联”,并“总是不断地继续进行概念的构成”。② 因此,我们主张,阐释作为理解的表达,必须是合逻辑的,必须遵守基本逻辑规则,以正确的逻辑方法实现自身。舍此,阐释无以成立。应该指出,延绵西方哲学与思想史上两千年之久的逻各斯中心主义有其极端的一面。但是,人类理性的建构与展开,是人类进步之基。人类永远要在理性的基础上,认识世界,完善自己。失却理性,放弃理

①康德著,宗白华译:《判断力批判》(上卷),北京:商务印书馆,2009年,第95、94页。

②汉斯-格奥尔格·伽达默尔著,洪汉鼎译:《诠释学》I《真理与方法——哲学诠释学的基本特征》,第567页。

性，就是放弃自己。由叔本华、尼采开启的西方反理性主义思潮，延及当代，西方哲学中反理性、反逻辑的冲动，已为潮流。譬如，柏格森认为，“只有使人的心灵从理性思维习惯方向扭转过来，超出感性经验、理性思维的范围，抛弃一切概念、判断、推理等逻辑思维形式，甚至不用任何语言符号”，从而实现以真正的实在直觉把握对象。① 此类反理性与非理性的主张不为当代阐释学所取。

第三，阐释之路径。阐释是理性行为。理性方法的选择，决定阐释的进入路径，决定阐释的呈现方式及水平。中国古代哲学及其他理论之一般方法，就其主要倾向而言，以归纳、综合为重，演绎、分析为轻，使阐释——特别是美学与文艺的阐释，既有大象无形、文约意广之长，亦有混沌弥漫、无界无疆之弊。西方的理性主义方法，自古希腊始，就是一条与古代中国完全不同的道路。20 世纪以来，以数理逻辑的精密发展为标志，分析哲学将西方思辨方式中，重演绎、重分析、重确切概念与论证之倾向，推向新高点。在阐释学的一般方法上，既有分析严格细密、证据充分清晰之长，亦有囿于碎片，弱全局统观之弊。坚持阐释落脚于理，正确的路径与方法选择，当为重要之点。

首先应该指出，以对现象的认识言，综合是绝对必要的。中国古代之一般思维更重于综合，更重整体气象，当然是一种智慧。人类开始面对世界的时候，世界给予的面貌，就是混沌无际的综合感受。从古代希腊到中国，笼统地体验与把握客观现象

---

①参见刘放桐等编著：《新编现代西方哲学》第 5 章，北京：人民出版社，2000 年，第 142 页。

的总画面,亦即综合的、整体的认识和描述,就是必然的、合理的。"但是,这种观点虽然正确地把握了现象的总画面的一般性质,却不足以说明构成这幅总画面的各个细节;而我们要是不知道这些细节,就看不清总画面。"①然而,同时也要承认,人类早期,包括中国古代先人,对现象的综合性把握,是一种初级的、原始的把握。人类进步,尤其是理性的进步,不应该也不可能仅仅停留于此。于是,人类的思维和思辨,逐步有了分析和抽象,有了对部分和细节的解剖与认证。在古代中国,从理的意义说,就是理的治与顺;从阐释的方式说,就是训、就是辨、就是诠。此当为阐释的生成及逻辑秩序,指出一条合理的路径:阐释必须由分析而上手,由分析而综合,从理之本义开始追索。

理乃剖析,由析而治,明示阐之路径,以分、析为端。治玉本质是剖与分。将璞与内藏或相混的玉分别和分离,去璞而获玉。此乃治玉之根本。无分无别,无剖无离,难达目的。认识进而阐释一切现象,亦首先为分。分此物为何物,分此物何别于他物,此乃一切理性认识之开端。无剖、无分、无别,混而沌之言说整体、气象,难免指鹿为马。我们曾经视对事物的深入分析为形而上学或机械论,实片面矣。认识森林当从剖析树木以至枝叶起;认识生命当深入至细胞以至分子、原子及当代量子;确证句子之语义,当从词及字的本义开训,进而识整体与全局。如果说这是一种形而上学的话,那也是"合理的,甚至必要的"。② 因为看不到细节,就看不到总画面。就是看到了,也只能是混沌的直觉。

①《马克思恩格斯文集》第 9 卷,北京:人民出版社,2009 年,第 23 页。
②《马克思恩格斯文集》第 9 卷,第 24 页。

所谓析，首先为剖析义，即分解、分析义。循此要求，对现象的认知，仍以解剖细节为起点，从此才有明与识。合理深入的分析，亦为阐释实现之公共性的必要方法，不可逾越。我们反复强调，阐释就是对现象、事物，以及思想进行逻辑阐明的活动。阐释是居间说话，是要他人明白的。更深入一步，阐释还要释义甚至创造概念、命题、范畴，以及它们的意义与价值。因此，祛晦祛暗，答疑释惑乃阐释之天职。从分析始，从小从细，剖析毫芒，才有澄明清朗之境界，阐释乃为阐释。对一概念或范畴，不分不析，无定无义，仅以现象、图景比之喻之，非分析也，阐释的目的难以实现，阐释的公共性难以达成，甚至制造新的晦暗与浑浊。中国古代的诠释传统，特别是清代中期以后盛大的训诂学、金石学，就是理为分且析的追求与实践。但从总的倾向或主要趋势讲，中国之哲学及文理，确有以大而化之、浑而统之为旨趣的倾向。譬如，《吕氏春秋 · 大乐》讲究“至精”，其言：“道也者，至精也，不可为形，不可为名，强为之谓之太一。”但精为何物？与道一样神秘，不可形、不可名，他人无从理解。刘勰亦有“至精而后阐其妙”，①然精为何物，如何精，此处也未见其义，心领而已。至于哲学上，以直觉与悟为基本方法，其弊更为显明。直觉不是分析，且不屑分析；悟乃顿悟，混沌之象而已。对此，张岱年有极深刻的分析与评述。论及中国思想家的思维方式，他认为，中国哲学只重生活上的实证，或内心之神秘的冥证，而不注重逻辑的论证，所以中国哲学文章多为片段，而无形式上的条理系

①刘勰：《文心雕龙》卷六《神思》，《丛书集成初编》第2624册，北京：中华书局，1985年，第39页。

统。此论直指要害矣。何止哲学文章，中国古代的文艺理论，尤其是批评，多以感悟为主，以片段为主。诗歌、小说的点评、眉批，就是典型。当代阐释学理论与方法的构建不可停留和满足于此。必须坚持从分析入手，以分析为根据，由分析而得综合、得阐释。①

当然，人类与健全的个体的认识从来不会停留于分析的阶段，它一定要以否定分析的方式，从分析走向综合。理论上讲，分析与综合，皆为人类抽象思维的基本方法。分析与综合相辅相成，须臾不可分割。所谓分析乃综合之分析，综合乃分析之综合。“归纳和演绎，正如综合和分析一样，必然是相互关联的。不应当牺牲一个而把另一个片面地捧到天上去，应当设法把每一个都用到该用的地方，但是只有认清它们是相互关联、相辅相成的，才能做到这一点。”②从辩证法的基本规律看，人类早期对世界的宏观把握，是一个初级的肯定阶段，经过一次否定，注重于微观的细致分析，进而再一次的否定，即否定之否定，将分析

①张岱年的原文为：“重了悟而不重论证。中国哲学不注重形式上的细密论证，亦无形式上的条理系统。中国思想家认为经验上的贯通与实践上契合，就是真的证明。能解释生活经验，并在实践上使人得到一种受用，便已足够；而不必更作文字上细微的推敲。可以说中国哲学只重生活上的实证，或内心之神秘的冥证，而不注重逻辑的论证。体验久久，忽有所悟，以前许多疑难涣然消释，日常的经验得到贯通，如此即是所得。中国思想家的习惯，即直截将此所悟所得写出，而不更仔细证明之。所以中国哲学家的文章常是断片的。……中国思想家并不认为细密论证是必要的；反之，乃以为是赘疣。”张岱年：《中国哲学大纲》（上），第9—10页。

②《马克思恩格斯文集》第9卷，第492页。

与综合更完美地融合，其综合已是分析基础上的综合，更高级的综合。由此，一个相对完整的阐释过程得以完成。此应为阐释路径的正确选择。

第四，阐释之所求。理之正与通，规约了阐释落脚于理。我们的正与通是指，阐释当以确定性为目标，通达公共，创造知识。此为20世纪中叶以来，当代各类阐释学争论的焦点，也是西方当代哲学语言学转向后，非理性、非确定性跻身于主流，认识与阐释规则日益混沌、混乱的核心之点。阐释，作为释疑解惑之道，如果满足和停留于无边界、无约束的私人发挥，导向相对主义、虚无主义的结果，只能将自身置于无任何理性意义的玄虚之中，最终虚无阐释。我们主张，由中国古代理之正、通义为纲，坚持阐释的确定性、通达性、知识性的目标准则，构建当代阐释学主导思想。依次讨论。

其一，确定性。此为理之正的核心要求。阐释的确定性是指，面对现象，特别是文本，阐释者应予文本的自在意义以相对确定的认证，且为公共理性所普遍接受。所谓正者，要义有二。一是，以理正性，《易·乾卦·彖传》“各正性命”是也。阐释由性而起，然个体之性千差万别。面对同一现象，性之体验与感应可能决然相反。我们当然承认并接受其中的道理。但是，严肃的阐释，其功能之一，就是要在不同的性之反应面前，实行正的作用。阐释要对现象作出确当的说明和描述，指出现象所具有的本来意义与价值，将“似”进而“真”的现象明晰于人。正，乃循理而正也。由“理”之本义说，理乃治玉，理须依对象纹理顺势而治，才可有璞玉相分，达治玉之目的。《广韵·止韵》：“理，文也。"《韩非子·解老》:"理者,成物之文也。"皆言理的根据,治的根据。违背或自造纹理而治,只能玉石俱焚。阐释亦同。阐释一定要示理,而理首先是对象本身之理。只有顺理而释,阐释才为正当。蔑视事物本来之存在,蔑视事物本来之理,以阐释者一己私意,瓦解现象及文本自在之理,此非阐释,而为盲目解构,或谓强制阐释。文本的多义与理解的多元是当然的。人工文本,由于语言的多项能指,制造了文本的多重意义。但无论多少意义的重合与叠加,被理解和阐释的意义,应为公共理性所确证。否则,将沦为私人阐释而被湮灭。伽达默尔历来主张文本阐释的多元性,他因此而被误读为相对主义者。但我们看到,恰恰是他说:"尽管某一文本总是肯定可以作另外的理解,但它仍是在以前表现为其他面目的同一件文本。于是一切解释的真理要求根本不是相对的这一点就显得很清楚了。"伽达默尔的立场是,解释的唯一标准就是"作品的意蕴,即作品所'意指'的东西"。[1] 这个观点,与中国古代阐释之"阐"的观念几乎同义。[2]"正"乃"定"也,确定的阐释者对确定的文本的阐释,应该是一致的。阐释的多元不应该在同一阐释者的阐释中出现,不能违反矛盾律、同一律之规则。伽达默尔曾突出强调这个一致性,并认为此乃阐释学的根本任务:"我们已经看到,一切了解和一切理解的目的都在于取得对事情的一致性。所以,诠释学始终有

---

①汉斯-格奥尔格·伽达默尔著,洪汉鼎译:《诠释学》I《真理与方法——哲学诠释学的基本特征》,第559、277页。

②参见张江:《"阐""诠"辨——阐释的公共性讨论之一》,《哲学研究》2017年第12期。

这样的任务,即建立那种尚未达到的或被打乱了的一致性。”①“所有正确的解释都必须避免随心所欲的偶发奇想和未曾注意的思维习惯的束缚,从而把目光指向‘事物本身’。”针对修辞学与阐释学的某种一致性,伽氏强调:“修辞学自古以来就是真理要求的唯一辩护者,它相对于科学的证明和确定性要求捍卫了似真性、明显性,以及对共同理性的阐明。”②

其二,通达性。就阐释而言,其通达为二。一是,通达本质,所谓达理是也。从阐释的目的说,为阐明对象的存在和意义,不能否定或回避其本质与规律。譬如,历史的阐释,仅关注于现象和碎片叙事,妄称历史阐释。历史之为历史,是改变或决定历史走向与命运的人与事的记载与判断。常人以至伟人的碎琐之事,若与历史走向及命运无关,掌故尔,非历史也。停留于现象,玩弄于故事,放弃被现象和故事所遮蔽的动力或原因,以致不见历史大潮之趋势,不能预见历史发展的未来,不是历史阐释,起码不是好的历史阐释。当代西方反本质主义思潮,否定和拒绝本质的存在,意不在否定本质,而是要肯定他们自己揭示的“本质”。本质的客观存在否认不了。许多人在否定本质的证明中,深刻地揭示着本质。维特根斯坦以游戏,特别是语言的游戏为例,为消解本质提供证据。然而,也恰恰是他,提出著名的“私人语言论证”,否定了私人语言的可能性,正确指出语言之

①汉斯-格奥尔格·伽达默尔著,洪汉鼎译:《诠释学》I《真理与方法——哲学诠释学的基本特征》,第413页。

②汉斯-格奥尔格·伽达默尔著,洪汉鼎译:《诠释学》II《真理与方法——补充和索引》,第73、294页。

公共性的本质。这样的例子不胜枚举。阐释通达于理,不应该消解和回避本质。二是,通达公共。此亦两则。一则,阐释本身为开放与协商。或言基于对话、沟通的愿望和立场,于通达之中形成共识,乃为阐释。所谓通者,《玉篇・辵部》:“无所不流曰通也。”《易・系辞上》:“往来不穷谓之通。”意可引申为阐释的公共通达是无穷尽的,正是在这种无穷尽的通达之中,阐释的展开丰富而持久。二则,公共承认。所谓阐释的公共性,其要义之一,就是公共承认。这是东西方阐释学共有的基本思想。戴东原称之为“心之同然”,即所谓:“心之所同然始谓之理,谓之义;则未至于同然,存乎其人之意见,非理也,非义也。凡一人以为然,天下万世皆曰‘是不可易也’,此谓之同然。”①戴氏清晰辨明,个人意见与天下万世之认同,虽有偏颇绝对的一面,但阐释要得以公共承认,其道理是明白的。伽达默尔则从精神科学的特殊属性出发指出:“由于精神科学的工作显然特别需要所有人的参与,因此,希望和公众的判断相一致,希望使自己的研究在公众中得到共鸣,这一切早已是精神科学工作者未曾察觉地携带的意图。”②伽氏以哲学家的历史感为导引,深入追索道:“对于黑格尔来说,我们自己的自我意识只有通过被他人所承认才达到它的自我意识的真理;男人和女人的直接关系是相互承认的自然而然的知识。”③阐释总是由个体而起,个体阐释获

①戴震著,何文光整理:《孟子字义疏证》卷上《理》,第3页。

②汉斯-格奥尔格・伽达默尔著,洪汉鼎译:《诠释学》Ⅱ《真理与方法——补充和索引》,第51页。

③汉斯-格奥尔格・伽达默尔著,洪汉鼎译:《诠释学》Ⅰ《真理与方法——哲学诠释学的基本特征》,第485页。

得公共理性之承认,是阐释得以可能的基准。阐释的通达,此要义也。

其三,知识性。知识是人类发现并综合的,对于自然和精神世界的确定性成果。在对未知的世界的探索中,感性的碰撞与触摸,其结果首先为直觉性反应。它可以蕴含知识,提供对未知的感受,但是,这些感受或直觉欲成为人类对未知与未来的确定性成果,其基本前提是,无数相同或相仿的直觉重复出现,并被人类理性所认知,经过分析与综合,形成概念、判断、范畴,进而被推论并证明,最终由实践给予检验为正确,各类直觉感受才可能上升为知识,并进入人类知识系统,被学习和传承下去。我们不否认性,包括本能、意志、直觉,可以是知识生产的起点,而且是重要起点;其生成的直接感受,同样可以看作认知的初级成果,成为经验知识而被传承。但是,如果这种结果不被理性化,不为理性所反思,并被理性所改造,它只能停留在实践理性的水平,靠教化而存在。知识是理性综合而来的。个体的感受甚至认知未经人类理性之综合,体验无论如何真切与深刻,只能是个人体验。只有足够量的个人体验被记载并综合,个人之体验才可能经过理性综合而上升为理性知识,可教、可学,有力推进人类理性与知识进步。从目的论的意义说,阐释应该生成知识,或者说知识通过阐释而生成。因此,阐释必须建构于性而超越于性。这种超越是由理性所主导,并通过理性而实现的。毫无疑问,理的通达性要求,将指向理性知识的创造性生产及其系统构造。《玉篇·正部》所谓:“正,定也。”于疑玄之时,定玄疑之事,将确定性的阐释成果上升为人类知识,包含将感性知识上升为理性知识,此为阐释之正义。"主观的理性,按照它的形式,总要求(比经验知识所提供的)更进一步的满足。这种足以令理性自身满足的形式,就是广义的必然性。"①当然,黑格尔的话已不足为证,在维特根斯坦的后期思想里,从来就没有什么确定性,更没有什么必然性,他的观点是:"从没有定下过一个准确性的理想。对此我们不知道应该怎么来设想——除非你自己来定下这么称呼的东西该是什么。但是,你会发现,要想找到一种约定是很难的,至少很难有使你感到满意的。"②如果这个观点是正确的,是人类认识和改造世界与自我的准则,即没有"准确性的理想",且"找到一种约定是很难的",维特根斯坦的哲学及其努力意义何在?阐释,作为人类理性及自身的存在方式,确定性的追求,并创造性地生产知识,其动机与目的永恒。

结 论

中国古代"理"与"性"的辨析,中国古代"理"与当代"理性"的辨析,为阐释学理论与体系构建提供一条新的线索。重东方"理"之本义,阐释由性而起,据理而顺,彰显性之本原;重西方"理"之本义,阐释由理而始,从分析而上手,呈综合之气象。东方实践智慧与西方理论理性之互补,相鉴相融之中,集

①黑格尔著,贺麟译:《小逻辑》,第48页。

②维特根斯坦著,李步楼译:《哲学研究》,北京:商务印书馆,2009年,第63页。

合起阐释的全部价值与意义，在无限反思之长河中，趋向真理性认识。此乃基于中国古代文化与哲学传统，借鉴西方哲学及理性方法，构建当代阐释学基本规则的重要根据。①

中国当代阐释学之基本架构，由此可见端倪。

（原载《中国社会科学》2018年第9期）

①必须提起一个讨论。本文论及阐释，一般地说阐释从何而起，归于何处，但主要是以审美和文艺阐释为基点展开的。现在的问题是，审美与历史，特别是理论阐释，是否也从性起后而再进入理性过程。极端一些，如对黑格尔《小逻辑》一类著作所表达的抽象生涩的理论，其理解与阐释是否也由性起。如果是，此性为何，如何而起？换言之，与审美及文艺的阐释不同，对历史、哲学类的理解与阐释起点在哪里？

“通”“达”辨

“通”“达”是汉语言文字中较早产生并被广泛使用的字词。长期的语言实践，特别是中国古代经典文义的不断生成与发展，赋予它们以丰富的意义能指。从阐释学的立场看，这些意义能指既可说明和验证诸多普遍存在与广泛应用的阐释方式，也可与阐释学理论的诸多概念和范畴相互关照补充，比如阐释学理论中的“开放”“澄明”“对话”“循环”“公共”“视域融合”等均可与“通”“达”关联起来进行理解。通过“通”“达”，可以为中外阐释学的终极目的和价值意义的认知提供参照和线索，这也充分显现了汉语“通”“达”本义所具有的吸纳与相容能力。本文由“通”“达”之辨入手，进而证明，中西语境下的“通”“达”之义可作为阐释学的一种普遍标准。

一、“通”“达”字词义辨

甲骨文中即有“通”“达”二字。① 两字意义各有同异，并且

①李圃、郑明主编：《古文字释要》，第187、194页。

可以组合使用,常用以说明、形容诸多物质和精神现象。同时“通”“达”互训互证,可同义互换,这在古代经典中证据甚丰。从“通”为“达”说,如《说文·辵部》:“通,达也。从辵,甬声。”《论语·阳货》:“夫三年之丧,天下之通丧也。”邢昺疏:“通,达也。”①从“达”为“通”说,如《玉篇·辵部》:“达,通也。”《论语·宪问》:“君子上达,小人下达。”刘宝楠释:“达,通也。”②关于“通”“达”组合使用,如《礼记·学记》:“知类通达。”《荀子·非十二子》:“通达之属莫不从服。”《汉书·楚元王传》:“更生以通达能属文辞。”③

从阐释学的角度看,“通”与“达”共表一义的情况,有如下诸点应予重视。

第一,表示言说、陈述、传达。《论语·卫灵公》:“辞达而已矣。”《史记·滑稽列传》:“《书》以道事,《诗》以达意。”《汉书·夏侯胜传》:“朝廷每有大议,上知胜素直,谓曰:‘先生通正言,无惩前事。’”颜师古注:“通,谓陈道之也。”④这里的“达”为表达、传达的意思。

第二,指向的是知识、明通、晓达、得理。此义可综合为“认知”“通晓”“明理”。“通”作为“知”“识”解的情况,如《大戴礼记·曾子制言下》:“不通患而出危色。”王聘珍《解诂》:“通,知也。”⑤

---

①阮元:《十三经注疏》,北京:中华书局,1980年,第2526页。
②刘宝楠撰,高流水点校:《论语正义》,第585页。
③班固:《汉书》,第1928页。
④班固:《汉书》,第3158页。
⑤王聘珍撰,王文锦点校:《大戴礼记解诂》,第95页。

《淮南子·主术训》:“天下之物无不通者。”高诱注:“通,知。”①作“明通”“晓达”的情况,如《汉书·赵充国传》:“通知四夷事。”颜师古注:“通知者,谓明晓也。”②“达”与“知”“晓”关联起来理解的情况,如《礼记·礼运》:“故礼达而分定。”孔颖达疏:“达,谓晓达。”③《资治通鉴·汉纪》:“达练官曹。”胡三省注:“达,明也。”④同书《魏纪》:“凝辩宏达。”胡三省注:“达,明通也。”⑤“通”“达”指向“理”而有“明理”“得理”之义的情况,如《荀子·正名》:“足以相通则舍之矣。”杨倞注:“通,谓得其理。”⑥《孟子·尽心上》:“独孤臣孽子,其操心也危,其虑患也深,故达。”朱熹注:“达,谓达于事理,即所谓德慧术知也。”⑦

第三,“通”“达”具有“开”的意义。即把关闭的东西“打开”,或开设、成立某些东西。如《汉书·何武传》:“通三公官。”颜师古注:“通,开也,谓更开置之。”⑧《尚书·舜典》:“达四聪。”《后汉书·致寿传》作“开四聪”。⑨ 这即是认为“通”“达”与“开”表同样的意义。

第四,“通”“达”具有交往、往来义。《周易·系辞上》:“往来不穷谓之通。”《孙子兵法·地形》:“我可以往,彼可以来,曰

①刘文典撰,冯逸、乔华点校:《淮南鸿烈集解》,第283页。
②班固:《汉书》,第2971页。
③阮元:《十三经注疏》,第1422页。
④司马光:《资治通鉴》,北京:中华书局,1956年,第1651页。
⑤司马光:《资治通鉴》,第2252页。
⑥王先谦撰,沈啸寰、王星贤点校:《荀子集解》,第426页。
⑦朱熹:《四书章句集注》,第354页。
⑧班固:《汉书》,第3484、3485页。
⑨范晔:《后汉书》,第1033页。

通。"《史记·吴太伯世家》:"吴于是始通于中国。"此处"通"可解释为"通好"。[①]《孟子·尽心上》:"君子之志于道也,不成章不达。"朱熹注:"达者,足于此而通于彼也。"[②]

第五,"通""达"具有"同""共"的意义。《庄子·天地》:"故通于天地者,德也。"成玄英疏:"通,同也。"[③]《后汉书·来历传》:"属通谏何言。"李贤注:"通,犹共也。"[④]《群经平议·尚书四》:"则达观于新邑营。"俞樾按:"达者,同也。"[⑤]《礼记·中庸》:"知、仁、勇三者,天下之达德也。"此"达"乃"共"义。在此项下,"通"与"达"有"皆""全"义。表"皆"义时,如杨树达《词诠》指出"通"为"副词。皆也,共也。"[⑥]《礼记·礼器》:"君子达亹亹焉。"郑玄注:"达,犹皆也。"[⑦]表"全"义时,如《孟子·告子上》:"弈秋,通国之善弈者也。"《史记·卫康叔世家》:"惠公立三年出亡,亡八年复入,与前通年凡十三年矣。"此"通"被理解为"全"。《尚书·召诰》:"周公朝至于洛,则达观于新邑营。"《论衡·实知》:"先知之见、方来之事,无达视洞听之聪明,皆案兆察迹,推原事类。""达视""达观"之"达"均为"皆"义,可引申为"全面""周遍"义。

---

①王凤阳:《古辞辨》,第 502 页。
②朱熹:《四书章句集注》,第 356 页。
③郭庆藩撰,王孝鱼点校:《庄子集释》,第 404、405 页。
④范晔:《后汉书》,第 591、592 页。
⑤俞樾:《群经平议》,《续修四库全书》第 178 册,上海:上海古籍出版社,1996 年,第 85 页。
⑥杨树达:《词诠》,北京:中华书局,1978 年,第 66 页。
⑦阮元:《十三经注疏》,第 1440 页。

当然,“通”与“达”也有不同之义,且差异较大。大致地讲,“通”更重于过程,“达”更重于结果。“达”由“通”开始,“通”以“达”标示其完成。“通”使“达”成为可能,“达”由“通”而实现。《国语·晋语四》“奔而易达”,韦昭注所谓“达,至也”。“通”指“打通障碍”,“达”言“去到终点”。正因为如此,“通达”连用时,“通”在前,“达”在后,“通”为条件,“达”为结果。而少有“达通”这样的搭配。

在此基础上,我们讨论在阐释学上,“通”与“达”之间具有的更多意义的差异与区别。

第一,“达”为“决”。《周礼·天官·小宰》:“小事则专达。”陆德明《释文》引干宝云:“达,决也。”①《康熙字典》释:“专决行事曰专达。”“决”为“判”“断”义。《玉篇·水部》:“决,判也。”《淮南子·时则训》:“审决狱。”高诱注:“决,断也。”②《素问·阴阳类论》:“决以度。”张智聪注:“决,判断也。”③《资治通鉴·梁纪》:“今亦复决。”胡三省注:“决,判也,谓天下事有判决也。”④同时“决”也有“必”意。《战国策·秦策四》:“寡人决讲矣。”鲍彪注:“决,断也,犹必。”⑤同书《魏策一》:“韩之卜也决矣。”鲍彪注:“决,无他疑。”⑥“无他疑”与“必”所包含的确定性相同。

---

①阮元:《十三经注疏》,第653页。
②刘文典撰,冯逸、乔华点校:《淮南鸿烈集解》,第175页。
③张志聪:《黄帝内经集注》,杭州:浙江古籍出版社,2002年,第661页。
④司马光:《资治通鉴》,第4778页。
⑤刘向集录:《战国策》,第228页。
⑥刘向集录:《战国策》,第810—811页。

第二,“达”为“具”。《史记·乐书》:“亨孰而祀,非达礼也。”裴骃《集解》引郑玄曰:“达,犹具也。”①而所谓“具”,《说文·収部》:“具,共置也。”在文字学意义上,“具”可理解为“辨”。《尚书·伊训》:“具训于蒙士。”蔡沈《集传》:“具,详悉也。”②由此看,“具”为“辨识”义,且为“详悉之辨”。“具”可理解为“足”,如《荀子·正名》:“欲不可去,性之具也。”杨倞注:“具,全也。”③《文选·东京赋》:“礼举仪具。”薛综注:“具,足也。”“具”亦同“俱”,如《诗经·郑风·大叔于田》:“火烈具举。”毛传:“具,俱也。”④《墨子·大取》:“具同。”孙诒让《间诂》:“‘具’当为‘俱’。”⑤由“俱”而可关联于“皆”。《说文·人部》:“俱,偕也。”“偕”即“皆”也。《说文·白部》:“皆,俱词也。”《小尔雅·广言》:“皆,同也。”由此可知,“达”可训为“足”“具”“皆”,强调“全部”“全面”“皆同”义。

第三,“达”为“彻”。《释名·释言语》:“达,彻也。”而“彻”同样有“明”与“道”义。与“通达”本义相符。《庄子·大宗师》:“而后能朝彻。”成玄英疏:“彻,明也。”⑥《淮南子·要略》:“澄彻神明之精。”高诱注:“彻澄,别清浊也。”⑦“彻”同“澈”。《玉篇》《广韵》等均释:“澈,水澄也。”关于“道”义,《诗经·小

①司马迁:《史记》,第1193页。
②蔡沈:《书经集传》,上海:上海古籍出版社,1987年,第48页。
③王先谦撰,沈啸寰、王星贤点校:《荀子集解》,第428—429页。
④阮元:《十三经注疏》,第337页。
⑤孙诒让撰,孙启治点校:《墨子间诂》,第410页。
⑥郭庆藩撰,王孝鱼点校:《庄子集释》,第252、254页。
⑦刘文典撰,冯逸、乔华点校:《淮南鸿烈集解》,第706页。

雅·十月之交》:“天命不彻。”毛传:“彻,道也。”①《尔雅·释训》:“不彻,不道也。”郭璞注:“彻,亦道也。”②

第四,“达”为“迭”。《说文·辵部》:“达,或曰迭。”《玉篇·辵部》:“达,迭也。”“迭”者,《说文》释:“迭,更迭也。”《大戴礼记·曾子天圆》:“律历迭相治也。”王聘珍《解诂》:“迭,更迭也。”③“迭”亦为“代”。《大戴礼记·诰志》:“雌雄迭兴。”王聘珍《解诂》:“迭,代也。”④《文选·西都赋》:“更盛迭贵。”李善注引《方言》曰:“迭,代也。”“迭”亦作“互”讲。《史记·乐书》“迭相陵”,张守节《正义》:“迭,互也。”⑤《汉书·律历志上》“而迭为首”,同书《郊祀志上》“迭兴迭衰”,《郊祀志下》“迭用柔刚”,颜师古均注:“迭,互也。”⑥

二、“通”“达”包含的阐释学意义

以上,我们梳理了关于“通”“达”的文字学意义。基于文字学的梳理,我们可以进一步揭示“通”“达”包含的开放与澄明、融合与确证,最终达及“共”与“同”的阐释学意义。体现为路径、目标、结果的“通”“达”,可能是我们理解中国诠释学的独特面相的一个进路。

---

①阮元:《十三经注疏》,第447页。
②阮元:《十三经注疏》,第2591页。
③王聘珍撰,王文锦点校:《大戴礼记解诂》,第101页。
④王聘珍撰,王文锦点校:《大戴礼记解诂》,第181页。
⑤司马迁:《史记》,第1181、1183页。
⑥班固:《汉书》,第987、1206、1267页。

第一,“通”“达”指向的是阐释学的开放性。此为阐释的核心特征。《说文·门部》“阐,开也”,可知“阐释”之“阐”首义在“开”,“通达”也与“开”有关,借此可以与阐释的目的——开放、显幽关联起来进行理解。与意识主体封闭理解的本质不同,阐释绝非停留于主体的内部进行的理解,而重在内部理解之上,将理解及理解过程向外展开,求得公共承认,并自我确证理解。此为“阐”的实质。所谓“《诗》以达意”,通、达与“阐”之本义相符。“通”有“开通”义,“达”有“明达”义,“通达”组合,综合了敞开、去除遮蔽的意味,体现的正是阐释的开放性。从内在的意识主体而言,通达的开放,首先是意识主体的自我开放。开放的主体由“吾”为“我”①,以阐释为武器,生成主体间性,使意识主体此在于同等的主体对象群中通达各方。老庄讲“虚”,佛学讲“空”,理学家求“廓然大公”,都是主张破除私意和执见,以开放之心放开本己,求无私之通达。朱熹曰:“人能克己之私,以穷天理,至于一旦脱然,私意剥落,则廓然之体无复一毫之蔽,而天下之理远近精粗,随所扩充,无不通达。”②就是说,通达本身就是一个开放过程,且首先是阐释者的自觉开放过程。意识主体不满足于自我理解、以本能的提升愿望,推动自我将封闭的理解向外敞开,以说明和证明自我,并不断反归于己,在开放的阐释中实现自我。

从意识主体的外向而言,阐释的通达有三个方向。其一,通

①参见胡适:《胡适文存》第2卷,上海:亚东图书馆,1929年,第16—22页。
②《朱子全书》第21册,上海:上海古籍出版社、合肥:安徽教育出版社,2010年,第1397—1398页。

达对象。阐释是对确定对象的阐释。以确定对象为中心,实现对其较为完整的理解。阐释与对象不符,或离开对象而言其他,就不是一种通达于对象的阐释,或者说是对对象的无效阐释。对象非孤立存在,而与其他存在者处于普遍联系之中,所以阐释活动非但不能停留于对单一对象的知识与见解,而是要通达于与之紧密相关的现象域,通达于现象之后的本质。所谓“通达治道”“通达事变”是也。其二,通达于接受者。阐释是指向接受者的活动。无他人接受,阐释就失去了意义。如果理论主张、文本书写无接受主体,那么书写就失去意义,阐释的目标是为争取更多人的承认和接受,无他人承认与接受,阐释就无任何必要。与艰涩、阻滞、玄虚相反对,只有简易直截、深探本源的阐释,“其言平正通达而无病”①,“不为艰深奥渺之谈”②,才可被接受和信从。其三,通达未来。独立意识主体的阐释,经过说服和接受,尤其是经过即时语境下的公共认知与理性辨识,最终进入人类知识体系,从独立的个体阐释上升为公共阐释,阐释活动体现出一种未来意义。“通”“达”可蕴含以上全部意义。

第二,通达指向阐释活动的循环。循环是阐释的基本特征。凡阐释必循环,此为阐释的方法论视角。通达所包含的循环诉求,绝非止于词语与语句之间,段落与章节之间,或文本的部分与整体之间的循环。在阐释学意义上,通达的循环更重于以下两点,一是阐释主体与接受主体之间的循环;二是循环的无限

①朱熹:《四书章句集注》,第233页。

②李光地:《周易通论》,《景印文渊阁四库全书》第42册,台北:台湾商务印书馆,1986年,第535页。

性。“通”之本义首先蕴含“往来”意。所谓“我可以往,彼可以来”,强调的是阐释主体与接受主体之间的相互协商与交流。阐释主体将本己之意传递出去,与接受主体协商交流,征得反馈与订正,在往来循环中展开阐释过程。“阐”要开、辟,召集四方之人,包括不同意见的相背之人的合聚,其目的就在对话与协商,而非自言与独断。要达于各方,而非将本意滞留于本体而形影相吊、自言自语。所谓“达者,无滞于一方”,体现的就是这个诉求。通达的循环高于传统阐释的一般循环。它强调的不是简单的文本内部循环,而是强调更普遍意义上的循环。这表现在,其一,阐释与对象之间的循环往返。对现象或文本的阐释需要协商,不为阐释者一人独断。从心理学自我确证说,阐释要向外确证,由他人认定阐释的价值,而非自我认定。从通与达的过程说,阐释通达于对象,向对象提问,获得新的理解,并因此改善自我。如此循环往来,达及新的深入理解和认知,生成新的阐释,与对象达至部分或全部一致。这就是所谓的“以意逆志”(《孟子・万章上》),“以自家之心体验圣人之心”。① 其二,从接受说,阐释者与接受主体本是不同立场。双方在阐释中你来我往,相互质询互辩,不同认知完全被暴露出来,而无须任何遮掩。所谓“完全”,是指所有同与不同皆和盘托出,全部进入阐释过程,无任何保留。“达,具也”,“具犹辩也”,突出的就是完全的意思。其三,更广阔一些,无论何种阐释,均为历史所制约。所谓前见的影响首先在历史。民族和集体的认知与传统,深刻影响

①黎靖德编,王星贤点校:《朱子语类》,第2887页。

甚至决定独立主体的全部阐释。通达历史，在历史与当下语境的碰撞交合中，生成新的意义，此为阐释之根本追求。无通达则无循环，无循环则无阐释，这就是通达的阐释学的立意所在。更重要的是，通达的循环是无穷尽的循环。它更强调阐释的交流与协商永无止境。阐释在，协商与循环就在，无人可强制。朱子强调“足于此而通于彼”，是说在由此及彼中展开阐释，实现阐释的通达性。且由此及彼，乃往来不穷的由此及彼，其中包含着阐释的无限性。

第三，通达强调在阐释活动中与对象、接受者的融合。达为通之结果，乃阐释之目标。如何衡量达或未达，自有其义。“达，迭也”，一个阐释，达及接受主体的结果无非有二。一是重叠交叉，互有吸收。颜师古说“迭，互也”①，就是这个意思。阐释之意与接受主体之理解交互碰撞，取所长，祛所短，辗转融合，生为新知。如此新知，既有阐释者的阐释，亦有接受主体本来之理解。此为开放协商的结果，也就是阐释者与接受主体互相吸收的结果。阐释者无权强制于人。此处的“交叉碰撞”是指阐释者在阐释本己的同时，吸收和接纳他人意见，修正与改造本己阐释。这也是阐释循环欲达及的结果。二是迭代更替，新知取代旧识。王聘珍言：“迭，代也。”②意即阐释者的阐释完全说服了接受主体，接受主体彻底放弃其旧见，持新知而建构自我。更迭同样不可为阐释者所强制，只能是接受主体的自我理性接受。上述两种结果，前者为部分接受，阐释发生部分作用，修正接受

①班固：《汉书》，第1206页。
②王聘珍撰，王文锦点校：《大戴礼记解诂》，第181页。

主体关涉此问题的部分认知。后者为全部接受，阐释发生完全作用，颠覆接受主体关涉此问题的全部认知。两种结果皆为有效结果，即阐释发生了作用，产生了实际效果。它的发生过程是以“通”为首，首先排除阐释障碍，由起点向终点渐进，最终抵达终点。然“达”至终点，未必产生效果。最终效果呈现为“迭”。部分或全体的迭代更替，乃“达”之真谛。由此看，只求“通”，非“达”也。在“明”的意义上，“达”通“恕”，《墨子·经上》“恕，明也”，与“达”同训。“恕”有“推及”之义。朱熹曰：“恕，推己以及人也。”①由此，“通达”的融合之义凸显。恕之推及有两个方向，一为“忖己度物”②，所谓面向外物即对象，以己推物，达及物我一致；二为“忖我以度于人也”③，所谓面向接受主体，“推己及人”④。无论对象为何，恕或达之目的只有一个，就是将本己融合于对象，融合于接受主体，最高境界乃所谓“物我兼照”“物我两忘”是也。同样应该注意的是，通达所及融合，并非以一己之意强制于人，而是对经典和前人之说，力求在传统认知中找到平衡，以融洽诸说为自洽。《田间易学》曰：“《本义》宗程《传》，删其复而领其要。然亦有《本义》太略，而程《传》言之较畅者，则舍《本义》而存《传》；若《传》与《本义》各有发挥，则两存之，总取其义理通达而已。”⑤李光地说“道理原是天地间公共的”，“心

①朱熹：《四书章句集注》，第 350 页。
②阮元：《十三经注疏》，第 2471 页。
③皇侃：《论语集解义疏》，上海：商务印书馆，1937 年，第 50 页。
④朱熹：《四书章句集注》，第 23 页。
⑤钱澄之撰，吴怀祺点校：《田间易学》，合肥：黄山书社，1998 年，第 1 页。

中皆有此理,便皆可商量"。[1] 阐释的结果就是在公共理性的基础上相互妥协、共生,而非将一己私意强制于人,此为通达的另外形式,可称作"圆通"或"融通"。

第四,通达指向的是阐释的确定性。由通而达,为达而通,通是手段,达是目的,已在逻辑上规定了通达的确定性,或曰通达本身即是对确定性的追求。细分下去,其一,由通之主体言,阐释主体开通路径,将本己之意达于对象。此通为吾通,而非汝通。若以"我"言,乃吾置身于众人之中,以确定的主体身份发言。其二,通是确定语境下的通。无论阐释者为何人,其阐释总是确定语境下的阐释。于当下语境中阐释历史,其历史是当下的历史;于历史语境下阐释当下,当下是历史的当下。无论怎样,阐释的语境是确定的。在确定的语境下,多义的词语及意义随之被确定。其三,由通之起点言,欲通之物从确定基点向外而通,以自知之所知向他人进行阐释。《荀子·非相》:"以近知远,以一知万,以微知明。"这里的"近""一""微"都是阐释者的自我确定,在确定意义的基点上,方可展开阐释活动。其四,阐释活动有其确定的目的,阐释的目标在于达理,要求阐释者以通之努力,破除遮蔽和障碍而得道、达理。

确定性是阐释成为可能的基础和前提。从目的、结果至标准之"达",均有其确定性。一是,"达者明也",规定了阐释学的标准。达就是要将晦暗之象开显为明,既为己明,亦为他明。若无明,则不能得道,非达也。二是,"达"有"决"义。阐释必有判

---

①李光地著,陈祖武点校:《榕村语录》,北京:中华书局,1995年,第413、154页。

决,亦应有一己之定论,不论对错。此为方式之确定。三是,由“彻”说,“彻”乃“尽”义、“完”义。所谓“彻灭”,可引申为对象之意义完全透彻地阐释尽矣,是阐释应尽之责。朱子求“浃洽透彻”①,彻作为目标,要求阐释必须通彻与透彻,对现象和文本贯彻到底,追求结果之确定性。四是,所通所达是“一”。《庄子·齐物论》:“唯达者知通为一。”这里的“一”,当然是理和道,然由道理出发,可“一理知万”“一理贯通”“理一分殊”,最终达致万事万物的统一性。通达为一,无论这个“一”为何物,作为确定意识主体的确定目标,在他而言就是追求为一,将其作为他所要阐明和认证的结论。此乃“达”为“决”,“达”为“判”,“达”为“彻”的道理。如此环环递进,可证明达是阐释的目的、结果、标准,达的确定性不可更移。

第五,通达体现了阐释学追求“共”与“同”的最终目的。“通”与“同”共义,《庄子·天地》:“故通于天地者,德也。”成玄英疏所谓:“通,同也。”②“通”与“共”同义,《后汉书·来历传》:“属通谏何言。”李贤注:“通,犹共也。”③“达”亦通“同”,《群经平议·尚书四》“则达观于新邑营”,俞樾按所谓“达者,同也”④、《礼记·中庸》“天下之达德”,均可证“达”与“同”互训。我们讨论有关“通达”的前四重意蕴,即开放、循环、整合、确定,将其相互参照,从阐释的方式和目的,到阐释的结果和标准,均

①黎靖德编,王星贤点校:《朱子语类》,第162页。
②郭庆藩撰,王孝鱼点校:《庄子集释》,第404、405页。
③范晔:《后汉书》,第591、592页。
④俞樾:《群经平议》,《续修四库全书》第178册,第85页。

指向其最后境界——阐释的"共"与"同"。阐释的最终结果是共享的。朱熹曰:"天下之公理,非一家所得而私者。"①宋儒普遍称"公理",或"公共之理",也可以理解为阐释活动和结果的公共意义。理学阐释如此,诗学阐释亦如此。宋代诗学就是主张一首好诗具有不同的意义,其意义由读者的阅读态度所决定,每个读者都可以按自己的方式作出解释。但是,无论如何活参,无论如何"私意",主张"各随所见"或"断章取义"的两宋文人,也要将其参、得、见和盘抛出,以求得他人的认可,他们的更大企图则在于得到历史的认可。否则当年的苏轼何言杜甫托梦于他,向世人证明自己对杜诗的理解与阐释是正确的?其目的即在于与他人共享一种理解,同时也希望他人认同他的理解。②对此,不同意见为,阐释未必求同,亦可求异,甚至就是求异而非求同。这只是表面现象。阐释者之所以进行阐释,其根本目的是向外求同。特别是执着于异质说辞的阐释,更是要求得他人赞成,这本身就是求同,不过是以异求同而已。实践证明,以异求同者,求同求共之心更切,反复争辩,针锋相对,各论短长,史上已为常态。也正因为求"共"与"同"的意志,才有所谓不断衍生发展的思想史、学术史。我们也注意到,历史上也有以一己之义强达于天下的情况。古人求知己,是精神的相互理解与体谅,不是将己意强加于人。但如苏东坡批评王安石曰:"王氏之文未必不善也,而患在于好使人同己。自

①《朱子全书》第22册,第1898页。

②苏轼:《东坡志林》,《四库全书》第863册,上海:上海古籍出版社,1987年,第22页。

孔子不能使人同,颜渊之仁,子路之勇,不能以相移,而王氏欲以其学同天下。地之美者同于生物,不同于所生。惟荒瘠斥卤之地,弥望皆黄茅白苇,此则王氏之同也。"①对同一文本,各方会给出完全不同的阐释,某些文学理论亦是无任何正当约束的阐释。事实上阐释的目的,就是以阐释主体为中心,向外求"同"求"共"。主张无约束阐释的理论本身,也要竭力赢得他人赞成,要将自己的理论张黄于天下,替代其他的理论。因此,可以说追求接受者的"共"与"同",是阐释的最终目的。

三、概念及意义比较

虽然上文涉及的与阐释相关的"通""达"的五个问题,在西方阐释学经典中均可找到相类似的表述,但深入比较,可以看到,"通""达"蕴含着独特的中国阐释学意义。

第一,以通达为特征的中国阐释学之开放性。阐释的开放,是西方阐释学各主要流派的核心精神。意大利学者艾柯十分注重文本的开放。他强调,"必须避免唯一的一种意思突然强加于我们",因为"一件艺术作品,其形式是完成了的,在它的完整的、经过周密考虑的组织形式上是封闭的,尽管这样,它同时又是开放的,是可能以千百种不同的方式来看待和解释的,不可能是只有一种解读,不可能没有替代变换。这样一来,对作品的每一次欣赏都是一种解释,都是一种演绎,因

①《苏东坡全集》,北京:中国书店,1986年,第376页。

为每次欣赏它时,它都以一种特殊的前景再生了”。① 我们认为,开放是双向的。作品的开放固然重要,但更重要的是,意识主体即阐释者自身的开放。通达之“通”,更集中于意识主体亦即阐释者自身的开放。没有阐释者的开放,阐释者就会孤立地囿于本己之眼界或成见,这样,文本的开放就失去了意义。

阐释主体的开放主要有两点。首先是阐释者视域的开放。所谓通达之“通”,首要之举是通障碍。阐释之障碍首先在阐释者之视域,或曰处境。阐释主体不能固守于本己狭隘视域,以有限眼界束缚对象或文本,如果认定符合本己视域的只是一个唯一的或处境狭隘的领域,则所谓阐释与文本的开放皆失。伽达默尔将视域定义为“看视的区域”,并指出“这个区域囊括和包容了从某个立足点出发所能看到的一切。把这运用于思维着的意识,我们可以讲到视域的狭窄、视域的可能扩展,以及新视域的开辟等等”②。我们认为,在阐释意义上,视域的开放,就是指以开阔包容的眼光与文本对视,而非以本己狭隘之见约束和限制文本,以使文本归顺于本己之意。开放视域,如同登高望远,能够看到视域内的一切有意义的东西,而非只对自己有利的东西,这样就能最大限度地防止和纠正片面和狭隘之见。其次,是前见的开放,强调打开而非自守于前见。束缚阐释开放的核心

①艾柯著,刘儒庭译:《开放的作品》,北京:新星出版社,2010 年,第 10、4 页。

②汉斯-格奥尔格·伽达默尔著,洪汉鼎译:《诠释学》I《真理与方法——哲学诠释学的基本特征》,第 427—428 页。

因素,是阐释者自身所持有的前见。通,要害在开通前见之束缚。前见是西方阐释学各流派反复讨论的基础性问题。特别是20世纪60年代以来,伽达默尔的经典性著作对此作了大量论述。尽管他们共同强调前见是认知和阐释的前提,没有无前见的认知和阐释,但最终的结论还是要克服非正当的前见,强调回到现象和文本,不可以前见主导阐释。伽达默尔指出:“谁想理解,谁就从一开始便不能因为想尽可能彻底地和顽固地不听文本的见解而囿于他自己的偶然的前见解中——直到文本的见解成为可听见的并且取消了错误的理解为止。谁想理解一个文本,谁就准备让文本告诉他什么。”①他认为前见是非自觉发生作用的,意识主体必须对前见的影响有所警惕,而非放任前见无约束地发生作用,更不能以前见的不可避免,作为以一己之见强制于人的借口。“我们必须认识我们自己的先入之见,使得文本可以表现自身在其另一种存在中,并因而有可能去肯定它实际的真理以反对我们自己的前见解。”②中国古代亦有前见的说法。《老子》中就有“前识”,王弼释曰:“前识者,前人而识也。”③此前识可与前见相拟。但对前识,历来有人警惕它对正当认知的干扰。韩非子言:“前识者,无缘而妄意度也。”(《韩非子·解老》)有人甚至贬为:“不知而言知为前识。”④荀子主张

①汉斯-格奥尔格·伽达默尔著,洪汉鼎译:《诠释学》I《真理与方法——哲学诠释学的基本特征》,第382页。
②汉斯-格奥尔格·伽达默尔著,洪汉鼎译:《诠释学》I《真理与方法——哲学诠释学的基本特征》,第382页。
③楼宇烈:《王弼集校释》,北京:中华书局,1980年,第94页。
④王卡点校:《老子道德经河上公章句》,第150页。

“虚一而静”，认为阐释之人“不以所已藏害所将受”（《荀子·解蔽》），这里的“已藏”就是前识或前见。如此，不能以前识影响认知，或曰对文本及对象的认知，就成为阐释的前提。特别是庄子主张“离形去知，同于大通”（《庄子·大宗师》），更将去前识作为通达之必须，为无偏见的认知规定了前提。郭象注此言强调，离形去知乃有大通。强调认知和阐释欲得通达，须离形体，即“内不觉其一身”；祛前智，即“外不识有天地”。① 祛前识而通，此为阐释者与阐释真正开放之关键。

第二，由通达来理解阐释的目的在于取得对事情的一致性。此为阐释追求的真正目的。阐释的最终目的是什么？长期以来，西方流行的一个口号迷惑了许多人，即所谓“一千个读者，一千个哈姆雷特”，好像阐释从来没有或从来就不应该有确定的目标。阐释的开放就是阐释的无目的，对同一文本无限地阐释是常态。此为西方接受美学和读者理论所秉持的一贯主张。伽达默尔也被许多中国学者误解为持此一立场。但事实上，伽达默尔在此问题上的立场完全相反，他的实际观点是：“我们已经看到，一切了解和一切理解的目的都在于取得对事情的一致性。所以，诠释学始终有这样的任务，即建立那种尚未达到的或被打乱了的一致性。”②毫无疑问，这里的“一致性”包含两个方面。其一，阐释与对象或文本的一致。阐释总是对确定对象的阐释。阐释的目的是将他人不懂或不了解的对象明示于人，使

①郭庆藩撰，王孝鱼点校：《庄子集释》，第285页。

②汉斯-格奥尔格·伽达默尔著，洪汉鼎译：《诠释学》I《真理与方法——哲学诠释学的基本特征》，第413页。

他人也了解和懂得对象。由此可以断定,阐释与对象的一致,乃阐释的基本目的与要求,且逻辑地前在于阐释的实际行为。阐释寻求的就是“建立那种尚未达到的或被打乱了的一致性”。众人阐释的结果当然不会一致,但这并不能否定阐释的一致性追求。“一千个读者,一千个哈姆雷特”只是现象,现象背后的本质是,每一位阐释者都确信自己的阐释,且唯有自己的阐释是确当的,是与对象一致的。

我们曾论述,阐释者自我确证的心理冲动是阐释无穷的根本动力。自我确证的心理要求就是,他人认知与主体认知的一致性。[①] 此处的要害是,自证一致性是阐释与对象双方的一致。这个一致呈现为双方相互妥协和补充。特别是在认知前见或前识的影响下,阐释者必须清楚且应遵守如下准则。首先是,“谁想理解,谁就从一开始便不能因为想尽可能彻底地和顽固地不听文本的见解而囿于他自己的偶然的前见解中——直到文本的见解成为可听见的并且取消了错误的理解为止”[②]。其二,与接受主体的一致。阐释是一种说服。意即阐释者将本己对现象的理解与阐释投射于他人,争取他人的承认与赞同。阐释之所以有意义,或者说阐释是有效的,在于能够说服他人,为他人所认可。与之相反,不能说服他人的阐释是无效阐释。这在精神科学研究中具有标准性意义。伽达默尔说:“因为它(精神科学)

①张江:《阐释与自证——心理学视域下的阐释本质》,《哲学研究》2020年第10期。

②汉斯-格奥尔格·伽达默尔著,洪汉鼎译:《诠释学》I《真理与方法——哲学诠释学的基本特征》,第382页。

的研究具有一种不确实性因素,因此,其他人的赞同对于精神科学就非常重要。"①与自然科学不同,对精神科学而言,很少有可证实和证伪的确定性标准,精神科学研究的价值在于,与"公众的判断相一致","在公众中得到共鸣",伽达默尔说:"这一切早已是精神科学工作者未曾察觉地携带的意图。"②在此意义上,通达之"达",凸显其穿透力量。如前论述,所谓迭者有二,一是重叠交叉,"迭,互也",互有吸收,生为新知。此新知,既有阐释者的阐释,亦有接受主体本来之理解。二是迭代更替,王聘珍言:"迭,代也。"③阐释者完全说服了接受主体,后者彻底放弃旧见,持新知而建构自我。对此,伽达默尔深有体会。他说:"人们之间的一切生命关系的内在历史性在于相互承认经常有斗争。相互承认可能采取不同程度的对立关系,一直到一个'我'被另一个'我'所完全统治。但是,甚至最极端的统治和奴役的形式也都是真正辩证的结构关系,正如黑格尔所曾经指出的。"④在这里,伽达默尔只提及"一个'我'被另一个'我'所完全统治",没有提及"达"所蕴含的另一种结果:"互"。对于有效阐释而言,"互"似乎更加重要。一种理论,一种阐释,完全地为人接受既无可能也无必要。强制或暴力地压迫他人接受,只能适得其反。只有在协商

①汉斯-格奥尔格·伽达默尔著,洪汉鼎译:《诠释学》Ⅱ《真理与方法——补充和索引》,第 51 页。

②汉斯-格奥尔格·伽达默尔著,洪汉鼎译:《诠释学》Ⅱ《真理与方法——补充和索引》,第 51 页。

③王聘珍撰,王文锦点校:《大戴礼记解诂》,第 181 页。

④汉斯-格奥尔格·伽达默尔著,洪汉鼎译:《诠释学》Ⅰ《真理与方法——哲学诠释学的基本特征》,第 508 页。

互动中浸润感染,相互补充丰富,才是阐释之正道。

第三,以通达来理解阐释的公共意义。作为一种对话的阐释活动,本身就是公共的。这种公共性首先是指阐释者与接受主体面对共同对象,创造双方及多方之共在。在具体的阐释过程中,各方之间的说服与被说服,结构了高度聚焦的意识共同体,就共同焦虑的问题相互发问并答疑,以自我确证为动力和目标,追寻各自期望的一致性。这既是阐释的目的,也是阐释的标准。阐释的共同体之所以可能,在于其构成条件是意识主体所共有的。其一,人类的共通感先天决定了阐释的公共性。如孟子的“心之所同然”即是对共通感的表达。康德详细解说了共通感的意义及作用。他说:“在共通感觉这一名词之下人们必须理解为一个共同的感觉的理念,这就是一种评判机能的理念,这评判机能在它的反思里顾到每个别人在思想里先验地的表象样式,以便把他的判断似乎紧密地靠拢着全人类理性,并且由此逃避那个幻觉,这幻觉从主观的和人的诸条件——这些诸条件能够方便地被认为是客观的——对判断产生有害的影响。”①正是这种具有评判机能的先天的共通感,使某个独立主体的阐释可能生成。因为共通感的先天性质,阐释的公共性预先成为阐释的先决条件,因此阐释必然是公共的。其二,语言的公共性决定阐释的公共背景与机能。浅白地说,阐释是表达。但表达决非纯粹的私人或个体的表达。表达是语言的表达,语言是表达与理解的媒介。语言是公共的,表达和阐释也必然是公共的。

①康德撰,宗白华译:《判断力批判》(上卷),137—138 页。

公共语言使阐释成为可能。阐释是言谈,在言谈中生成语言。这种语言为特殊的阐释群体所共有,在阐释中生成和运用,组织新的阐释共同体。展开和加入阐释,就是加入语言共通的共同体。伽达默尔指出:“在谈话中首先有一种共同的语言被构造出来了。这不是一种调整工具的外在过程,甚至说谈话伙伴相互适应也不正确,确切地说,在成功的谈话中谈话伙伴都处于事物的真理之下,从而彼此结合成一个新的共同体。谈话中的相互理解不是某种单纯的自我表现和自己观点的贯彻执行,而是一种使我们进入那种使我们自身也有所改变的公共性中的转换。”①意见相反和对立的阐释人群,也是阐释的共同体。因为他们同样以共通感和可沟通的共同语言为基础,展开共同主题的阐释。且正因为是对立和相反的群体,其共同性具有更特殊的意义:“我们称之为人的共性是以对我们生活世界的语言把握为基础的。每当我们试图通过批判的反思和论证来纠正对人与人之间相互理解的歪曲时,这种试图就证实了存在着这种共性。”②也就是说,哪怕你是在反对和纠正他人,同样是以共通感和共同性为前提的。

通达本身深度融合了以上诸多具有普遍意义的西方阐释学思想。所谓“通者,犹共也”,“达者,同也”,并由通而达,由达证通,“足于此而通于彼”,阐释者与接受主体之间“往来不穷”,循环

①汉斯-格奥尔格·伽达默尔著,洪汉鼎译:《诠释学》I《真理与方法——哲学诠释学的基本特征》,第534—535页。

②汉斯-格奥尔格·伽达默尔著,洪汉鼎译:《诠释学》II《真理与方法——补充和索引》,第632页。

往复,无限展开,使阐释成为通达的阐释,使通达成为阐释的标准。阐释所以通达,是因为以阐释的公共性为基础;阐释所以公共,是由阐释的通达性所决定。通达蕴含的开放、循环、整合及确定性追求,落实到一点,就是阐释所根本期望的共、同。这个具有理想意义的视域融合,既是期望,亦为标准,可概括为"通达的一致性"。伽达默尔的话可为旁证:"我们已经看到,一切了解和一切理解的目的都在于取得对事情的一致性。所以,诠释学始终有这样的任务,即建立那种尚未达到的或被打乱了的一致性。"①

结　语

在阐释学意义上,"通""达"语词意蕴丰富,与西方阐释学相关概念比较,能更精当概括阐释的全部过程和环节。从具体概念的有限内涵与外延看,"通""达"包含的开放、循环、明彻、融合、共与同等指向,均可作为阐释活动最终结果的评价标准。虽然人文科学的阐释与自然科学的解释、说明不同,特别是文学阐释难有客观判断,阐释者的主观意向、接受主体的意志偏好容易导向阐释无定论、无标准,但是"通""达"的基本取向是十分清晰、确定的。通祛障碍,达及澄明;通贯历史,达及当下;通彻各方,达及一致。通达的阐释,以最大可能容纳众多理解的诉求。于对象而言,凡通达者,阐释可谓有效;凡未达者,阐释可谓无效;于结果而言,凡通达以至新知的生成,则阐释可谓有效;凡

①汉斯-格奥尔格·伽达默尔著,洪汉鼎译:《诠释学》I《真理与方法——哲学诠释学的基本特征》,第413页。

非达且不能产生新知者，则阐释可谓无效。可传至后世而经久不衰之阐释作品，必为各方认可一致的通达之品。可以说，通达是阐释有效之衡量标准。

（原载《哲学研究》2021 年第 11 期）

"衍""生"辨

西方阐释学理论中普遍流行一个提法,阐释为"生产"(无论英语或其他语言的"生产"本义为何,翻译为中文"生产",本文在汉语本义下讨论其语义及应用),意即阐释生产和扩大文本的意义。此意义由阐释者主观臆定,无束缚、无规范、无依归,最终甚至与阐释对象无关。所谓"没有文学的文学理论"是为一端。汉语"阐"的意义高于"诠"及"解",阐不落于本义考证和分析,更重于意义之扩大与推举。不同时代及语境、不同阐释群体与主观动机,对同一对象的理解和认知完全不同,阐之结果因此而有天壤之别。由此看去,"生产"一词似乎生动贴切,充分表达并极端放纵阐之意向,有其存在的道理。但是,基于整体的阐释理念与中国古代深厚的阐释传统,我们坚持,与对象有关的意义发生非无端与无源之举,意义生产过程亦有合理约束与规范。就意义发生的规范与限度说,汉语"衍生"一词,更确当精准地表达"阐宏使大"之意,避免和克服了"生产"一词所隐藏与鼓动的肆意泛滥之弊。于阐的正当取向下,由衍而生,在扩张与守约之间找到平衡,使意义扩大为有根据的合规之举。"衍生"高于"生产",可为中国阐释学之节点性概念。

一、义辨

“衍”最早于甲骨文记载可见,其形为𠂇。“衍”义,《说文·水部》:“水朝宗于海。”由现代汉语简释,乃水流所向有所漫延,最终归于大海。“衍”之经典用法,大致有两个方向。一是广义,多为正面积极义;一是余义,多为负面消极义。其积极义有:

第一,大、广大。《广雅·释诂一》:“衍,大也。”《汉书·郊祀志上》“德星昭衍”,颜师古注:“衍,大。”①《文选·皇甫谧〈三都赋序〉》“魏跨中区之衍”,吕延济注:“衍,大也。”②《楚辞·天问》“其衍几何”,王逸注:“衍,广大也。”③《汉书·扬雄传下》:“辞之衍者不可齐于庸人之听。”颜师古注:“衍,旁广也。”④

第二,溢,多义。《集韵·线韵》:“衍,水溢也。”《诗经·大雅·板》“及尔游衍”,毛传:“衍,溢也。”⑤《尚书大传》卷二:“唐为虞宾,至今衍于四海。”郑玄注:“衍,犹溢也。”⑥《诗经·小

---

①班固:《汉书》,第1237页。
②萧统编,李善等注:《六臣注文选》,第859页。
③洪兴祖撰,白化文等点校:《楚辞补注》卷三《天问》,北京:中华书局,1983年,第92页。
④班固:《汉书》,第3578页。
⑤毛亨传,郑玄笺,孔颖达正义:《毛诗正义》,载阮元校刻:《十三经注疏》,第550页。
⑥王闿运:《尚书大传补注》卷二《虞夏传》,北京:中华书局,1991年,第17页。

雅·伐木》"釃酒有衍",王先谦《三家义集疏》:"衍之为言盈溢也。"①朱熹《集传》:"衍,多也。"②

第三,流长、流行义。《玄应音义》卷十八"繁衍"注:"衍,水流长也。"《周易·需·象传》"衍在中也",《集解》引虞翻曰:"衍,流也。"③《后汉书·宋意传》"衍食它县",李贤注:"衍,谓流衍。"④

第四,推演义。《周易·系辞上》"大衍之数五十",陆德明《释文》引郑云:"衍,演也。"⑤《尚书·洪范》"衍忒",蔡沈《集传》:"衍,推。"⑥《论衡·对作》:"文王图八,自演为六十四,故曰衍。"⑦《集韵·狝韵》:"衍,通作演。"

其消极义有:

第一,蔓,余义。《文选·张衡〈西京赋〉》"篠簜敷衍",薛综注:"衍,蔓也。"⑧《楚辞·天问》"其衍几何",朱熹《集注》:"衍,余也。"⑨柳宗元《天对》"孰衍孰穷",蒋之翘《集注》:"衍,

①王先谦撰,吴格点校:《诗三家义集疏》,第573页。

②朱熹集注:《诗集传》,上海:上海古籍出版社,1980年,第104页。

③孙星衍:《周易集解》,《丛书集成初编》第446册,北京:中华书局,1985年,第83页。

④范晔:《后汉书》,第1415页。

⑤陆德明撰,黄焯断句:《经典释文》卷二《周易音义》,第31页。

⑥陈栎:《书集传纂疏》,影印文渊阁四库全书,上海:上海古籍出版社,1987年,第61册,第335页。

⑦黄晖:《论衡校释》,第1181页。

⑧萧统编,李善等注:《六臣注文选》,第53页。

⑨朱熹:《楚辞集注》,《丛书集成初编》,北京:中华书局,1991年,第1817册,第40页。

余也。”①

第二，言多义。《诗经·小雅·伐木》“釃酒有衍”，陈奂《传疏》：“衍，谓多溢之美也。”②《汉书·司马相如传下》“浸淫衍溢”，颜师古注：“衍溢，言有余也。”③

第三，散义。《小尔雅·广言》《集韵·狝韵》：“衍，散也。”《文选·枚乘〈七发〉》“衍溢漂疾”，李善注：“衍，散也。”④

同时，我们必须辨析“朝宗”义。《说文·水部》释“衍”：“水朝宗于海也。”对衍而言，朝宗意味着什么？总体说，朝宗曰水流归向义。《尚书·禹贡》：“江汉朝宗于海。”旧题孔氏注：“百川以海为宗。”⑤分立而释，由朝说：

其一，朝见义。《论语·宪问》：“陈成子弑简公，孔子沐浴而朝，告于哀公曰……”

其二，拜见义。《史记·司马相如列传》：“临邛令缪为恭敬，日往朝相如。”

其三，觐见义。《集韵·宵韵》：“朝，觐君之总称。”

朝亦有方位义。《周礼·秋官·司仪》“不朝不夕”，孙诒让《正义》：“朝即东也。”⑥

①柳宗元撰，尹占华、韩文奇校注：《柳宗元集校注》，北京：中华书局，2013年，第965页。

②陈奂：《诗毛氏传疏》，南京：凤凰出版社，2018年，第500页。

③班固：《汉书》，第2585页。

④萧统编，李善等注：《六臣注文选》，2012年，第641页。

⑤孔安国传，孔颖达等正义：《尚书正义》，载阮元校刻：《十三经注疏》，第149页。

⑥孙诒让撰，王文锦、陈玉霞点校：《周礼正义》，北京：中华书局，1987年，第3055—3056页。

由宗说:

其一,本义。《国语·晋语四》:"礼宾矜穷,礼之宗也。"韦昭注:"宗,本也。"①《老子》第七十章:"言有宗,事有君。"王弼注:"宗,万物之宗也。"②此宗同为本义。

其二,尊义。《广韵·冬韵》:"宗,尊也。"《汉书·地理志上》:"江汉朝宗于海。"颜师古注:"宗,尊也。"③《尚书·禹贡》:"江汉朝宗于海。"孔安国传同。

其三,聚及属义。《广雅·释诂三》:"宗,聚也。"《黄帝内经素问·至真要大论》:"则病气衰去,归其所宗。"王冰注:"宗,属也。"④

其四,终义。《尚书·顾命》"恤宅宗",刘逢禄《今古文集解》引庄云:"宗当作崇,终也。"⑤

朝宗合释,总体为含敬畏之心,朝拜觐见上位者。用于水流,言以水流朝东向海,驯服于海。由"宗"字之本义、属义释,有归顺与落脚终点之义。同时,所谓水朝宗于海谓衍,但此衍为约束之衍。《说文解字注》:"旁推曲畅,两厓渚涘之间不辨牛马。故曰衍。"⑥此谓衍虽广布,但有约束和规矩,衍为于"两厓

①《国语》,上海:上海古籍出版社,1998年,第347页。
②王弼撰,楼宇烈校释:《老子道德经注》,北京:中华书局,2011年,第183页。
③班固:《汉书》,第1529页。
④王冰注,林亿等校正:《黄帝内经素问》,影印文渊阁四库全书第733册,上海:上海古籍出版社,1987年,第288页。
⑤刘逢禄:《尚书今古文集解》,载王先谦编:《清经解续编》卷三四七,上海:上海书店,1988年,第388页。
⑥段玉裁:《说文解字注》,第546页。

渚涘之间”长流。所谓厓者，崖也。《说文·屵部》：“崖，高边也。”《慧琳音义》卷一八“崖揆”注引《考声》：“崖，水岸也。”所谓两崖，即水流两岸为之边界，衍乃水于边界之中漫延，此为衍之约束。《孟子·滕文公下》“水由地中行”之说当有此意。由“洚”字同辨，知洚乃“水不遵其道也”，衍乃两岸之间定向长流。与“氾”字同考，《说文·水部》：“氾，滥也。”王筠《句读》“衍”：“上文‘洪’‘洚’二字，是氾滥之时，‘衍’字则禹治水之后，其流顺轨朝宗于海。”①所谓“顺轨朝宗”，是谓水遵其道顺轨而行，流向大海，乃大禹治水之结果，衍为约束之衍。

以下辨“生”。“生”，为古代最早生成的汉字之一。生之义，《说文·生部》：“生，进也。象草木生出土上。”《小尔雅·广诂》《玉篇·生部》皆作此解。甲骨文有象形生字𡳿。高鸿缙曰：“生为指事字。动词。”“为生长之生。”②《广韵·庚韵》亦作“生长”。其余有：生为出：“生，出也。”（《广雅·释诂一》）生为造：“生，造也。”（《慧琳音义》卷二七“产生”注引《玉篇》）生为成：“生，成也。”（《扬雄〈甘泉赋〉》“涌醴汩以生川”张铣注）③生为产：“生，产也。”（《集韵·映韵》）生为育：“生，育也。”（《集韵·梗韵》）

需要特别注意的是，对阐释学有特殊意义的“生”乃以下两点：

其一，由无生有。《大戴礼记·曾子立事》“太上不生恶”，

①王筠：《说文解字句读》，北京：中华书局，1988 年，第 428 页。
②李圃、郑明主编：《古文字释要》，第 609 页。
③萧统编，李善等注：《六臣注文选》，第 143 页。

王聘珍《解诂》:"自无而有曰生。"①《韩非子·解老》"无功则生有德",王先慎《集解》:"本无而致有之之谓生。"②《文选·左思〈魏都赋〉》"生生之所常厚",李善注引刘瓛《周易义》曰:"自无出有曰生。"③

其二,生乃教化(化生)。《周易·观·象传》"观我生进退",孙星衍《集解》引荀爽曰:"生者,教化生也。"④《鹖冠子·兵政》"物有生",陆佃解:"生,犹化也。"⑤《黄帝内经素问·天元纪大论》"故物生谓之化",王冰注:"气之施化,故曰生。"⑥《黄帝内经素问·五运行大论》"其于万物何以化生",王冰注:"生,谓承化而生。"⑦《大戴礼记·本命》:"化于阴阳,象形而发谓之生。"⑧

衍生合用,重点仍在衍义,生无更多周延。推衍义如:"八卦,数二十四以生阴阳,衍之皆合之于度量。"郑康成注:"衍,推极其数之本,十二而候气,十二而候律,周焉。衍生十二,合二十四气与八卦爻用事之数通衍之,如是者三,极于六十乃大备。"⑨

---

①王聘珍撰,王文锦点校:《大戴礼记解诂》,第77页。

②王先慎撰,钟哲点校:《韩非子集解》,北京:中华书局,1998年,第130页。

③萧统编,李善等注:《六臣注文选》,第134、135页。

④孙星衍:《周易集解》卷三,《丛书集成初编》第447册,第190页。

⑤黄怀信:《鹖冠子校注》,北京:中华书局,2014年,第303页。

⑥王冰注,林亿等校正:《黄帝内经素问》,影印文渊阁四库全书第733册,第205页。

⑦王冰注,林亿等校正:《黄帝内经素问》,影印文渊阁四库全书第733册,第211页。

⑧王聘珍撰,王文锦点校:《大戴礼记解诂》,第251页。

⑨安居香山、中村璋八辑:《纬书集成·易编·易纬乾凿度卷下》,石家庄:河北人民出版社,1994年,第33—34页。

蔓延义如:“秏藤,生山中,大小如苹蒿,蔓衍生。”①“司南八里有韭山,昔人遗韭于山颠,因蕃衍生韭,长丈余,四时皆有土民采食之。”②繁衍义如:“溟漠运精,元祖诞降。髭乳感孕,支裔衍生。”③“斯亦如人之裕,生生之理者,其子若孙又各衍生,生而总以归之,其大生也。”④

二、“阐”“衍”同义

衍生的阐释学意义是明显的,尤其衍生与阐释关联深刻。“阐”有别于“诠”,更不同于“解”。“阐”的扩张性、创造性,为“阐”之根本,其阐义、尚意的实践及品格高于“诠”,更高于“解”。“衍”及“衍生”可充分表达阐与阐的诸多特性,在这个意义上说,“衍生”与“阐释”同义。

“阐”,由原始的形、音、义说,就是打通阻隔,向外敞开,与他者对话交流,实现本义之扩大。⑤ 此扩大,不仅是交流对象的扩大,即与更广大的人群交流,实现阐的公共性,更重要的是开

①贾思勰:《齐民要术》卷十《藤》,影印文渊阁四库全书第730册,上海:上海古籍出版社,1987年,第156页。

②曹学佺:《蜀中广记》卷三十八《边防记》,影印文渊阁四库全书第591册,上海:上海古籍出版社,1987年,第493页。

③刘智著,马永刚主编:《〈天方性理〉释解》,银川:宁夏人民出版社,2015年,第40页。

④蔡世远:《二希堂文集》卷四《孙封君寿序》,影印文渊阁四库全书第1325册,上海:上海古籍出版社,1987年,第699页。

⑤参见张江:《“阐”“诠”辨——阐释的公共性讨论之一》,《哲学研究》2017年第12期。

放和扩大阐的独特动能，在其实际展开过程中，扩大、增长阐与可阐的空间，实现“阐弘使大”之可能。阐之主体开发与扩大的不仅是阐释对象的可能意蕴，而且是开发与扩大主体自身的创造与认知能力。阐，不重小学而尚大意，不重本义而出新意，此乃阐之根本所求，所谓“寄言出意”，以至“断章取义”是也。前析“衍”的积极意义，与阐之功能与目的完全相符：其一，从其大义说，衍非现象本身之描摹，亦非停留于现象本义的拆解和说明，而是在本义之上扩大新的意义，这些意义可与现象本身之呈现相关，也可为现象本身所未呈现的其他意义。其二，从其广义说，衍可冲破产生现象的原生境遇，在新的话语境遇中，生发原生语境未有之新的蕴涵，广溢新的意义空间。其三，从其流行说，任何阐释者的目的皆是将所阐所释传播开去，为公共理性所承认并接受，实现阐之有效性。其四，从其演义说，如“文王图八，自演为六十四”，由一而多，由多而繁，且制定衍之规则，为阐之扩大与增益提供范式。针对文本阐释，所谓“衍，广大也”，言乃阐非约束于文本自身所容纳的本义，而是超越文本细节，于词语之间衍生更广大意义。所谓“衍，犹溢也”，言阐应溢出文本语境之束缚，立足释者当下语境，生发文本原生语境中所未有之意，不仅扩大文本之意，且增益阐释语境，参与语境建构。所谓“衍，流也”，言阐当应有效，先为同阶群体所认可与接受，后为更广大群体所了解，流行于普遍认知范围，进入人类知识体系。文本阐释，由一义而生多意，皆因推演而生出；多意播撒开去，皆守推演之规则。如此之衍，无不与阐之目的与方法相符，且无歧义，是对阐之本质的最好印证。伽达默尔言“解释只是添加意义而并非寻找意义”①,正是阐为衍、衍为阐的本真之义。

阐与衍之同义,也可由阐与衍的多向训诂论证。其一,同训为大:《集韵·线韵》:“衍,大也。”《玉篇·门部》:“阐,大也。”其二,同训为广:《广雅·释诂二》:“衍,广也。”《汉书·礼乐志》“阐谐嫚易之音作”,颜师古注:“阐,广也。”②其三,同训为布:《汉书·司马相如传上》“离靡广衍”,颜师古注:“衍,布也。”③《吕氏春秋·决胜》“隐则胜阐矣”,高诱注:“阐,布也。”④此处之大与广,由其本义说,衍为水流、阐为意义由小向大、向广。两者之共布意,为展开、扩散、分布义。准此,阐为衍,衍为阐,阐衍同义,进一步清晰起来。

更有力的证明当为几个构词。最突出的是“阐衍”之组构。祝尧《古赋辩体·远游》:“后来赋家为阐衍巨丽之辞者,莫不祖此。”⑤王心敬《丰川易说》:“一部《易经》六十四卦三百八十四爻,及孔子之《十翼》,凡二万余言,四圣人推索阐衍。”⑥沈佳《明儒言行录》:“邓君,吾邑孔子也,所著有经绎函史诸书,皆足

①汉斯-格奥尔格·伽达默尔著,洪汉鼎译:《诠释学》Ⅱ《真理与方法——补充和索引》,第426页。

②班固:《汉书》,第1037页。

③班固:《汉书》,第2553页。

④许维遹:《吕氏春秋集释》卷八《仲秋纪·决胜》,北京:文学古籍刊行社,1955年,第344页。

⑤祝尧:《古赋辩体》卷二《远游》,影印文渊阁四库全书第1366册,上海:上海古籍出版社,1987年,第736页。

⑥王心敬:《丰川易说》卷首,影印文渊阁四库全书第51册,上海:上海古籍出版社,1987年,第396—397页。

阐衍圣贤，荟萃古今。”①《四库全书总目提要·孟子集疏》：“然贾、孔诸《疏》，循文阐衍，章句不遗。”②这种并列结构，相互证明与强调，高度一致的互文性，显明呈现阐与衍的几无差别的同义性。阐化与衍化的组构，亦有同样旨趣。化有两义与阐衍相配。其一，变义。《广韵·祃韵》：“化，变化。”《大戴礼记·本命》“化于阴阳”，王聘珍《解诂》：“化，谓变化。”其二，生义。《大戴礼记·本命》“不能化”，王聘珍《解诂》：“化，犹生也、育也。”③所谓阐化、衍化，于此意上同义。王禹偁《乡老献贤能书赋》：“我国家茂育群材，跻攀太古，任贤克举于二八，阐化自齐于三五。”④《清朝文献通考·乐考》：“大哉至圣，峻德宏功。敷文衍化，百王是崇。”⑤

中国经学传统，一个重要方向就是阐或衍，更确切地说，是由衍而阐。诸多概念和范畴由一义向多义、简意向繁意之大、之广，且广泛流行，便是最好证明。仅举“阴阳”概念的衍变为例。

阴阳观念是中国最古老的观念之一。据记载，周人伯阳父最早提出阴阳及其对立的观念。此后有老子对阴阳对立与转化作出一般性推广，及至《易大传》作出更系统的阐发，尤其是关于辩证法的普遍性命题：“一阴一阳之谓道。”（《系辞上》）阴阳

①沈佳：《明儒言行录》卷八，影印文渊阁四库全书第 458 册，上海：上海古籍出版社，1987 年，第 922 页。
②纪昀等：《钦定四库全书总目》卷三十五《孟子集疏》，第 466 页。
③王聘珍撰，王文锦点校：《大戴礼记解诂》，第 251 页。
④王禹偁：《小畜集》，影印文渊阁四库全书第 1086 册，上海：上海古籍出版社，1987 年，第 256 页。
⑤《清朝文献通考》，上海：商务印书馆，1936 年，第 6329 页。

由物质构成的盲目猜想，上升为宇宙间的根本规律。衍至后世，董仲舒矛盾双方分有主次的观点，程颐物极必反的观点，王夫之“分一为二”及“合二为一”的观点，等等，一代又一代哲学家、思想家，根据当时政治、经济、文化的发展需求，不断地推进中国古代辩证法的衍变与进步。直至今天，辩证唯物主义的思想不断发扬光大，辩证法、矛盾论，成为普遍的世界观和方法论。我们简单列举古代阴阳概念及矛盾观的形成与发展，意在说明这种发展是一个衍生性发展，或者说这种概念与观念的发展，本身就是以广大、流溢、推演为标志的衍生，就是所谓阐释之阐的实际展开。与固守本义的训诂不同，衍生的核心追求是多，是繁，且是由一而多，由简而繁，从基本概念发起，在不同语境中不断生成新的概念、范畴，以至趋于完整的思想体系。这种衍生行为，以完全确定的概念为起始，根据新的认知，特别是根据新的认知需要，打破已被熟知甚至僵化的已有概念，衍义或衍变新的思想。其基本路径应该是：其一，扩大概念本身的内涵与外延，丰富其能指与所指。衍生的起点为原始的确定概念，但绝不盲目地坚守概念既有的内涵和外延，而是在新的语境下，不断扩大其意义可能，将概念本身从一个狭小的意义范围，推向更广大视域，赋予旧概念以新的内涵，使其固定的外延扩展开去，覆盖前所未有的范围，适应新的语境需求。用现代语言学说，即扩大进而创造其新的能指和所指，使对已有概念的认知与应用为新语境所用。其二，从具体到抽象。阴阳本为气，天地之气，衍生出去，阴阳为乾坤，阴阳为刚柔，至此还可谓具象，《易大传》则将阴阳视之为道，这就从天地之气的具体，上升到一般规律的抽象。思维意义上说,是由感性具体上升到理性抽象。天下万物皆为道之归指,现象背后有规律,现象体现规律。其三,反复应用于现象的阐释与认知。阴阳衍生为道,进而衍生为一般的矛盾法则,似乎已远离具体,实际上此为更高级的理性具体,能够对多种多样的实在具体做出更系统更有普遍意义的阐释。在不同语境下,对《老子》的不同理解,以及政治的、经济的、社会的、文化的多种阐释,延续了几千年,至今仍在不断衍生,以说明或引证可以无穷的思想观点,为阐释者所应用。更要指出的是,阴阳上升为道,以道为根据,普涉万象,不仅是简单的概念衍生,而且是一种阐释方法,甚至是思维方法。对此,朱子有言:

> 大凡为学有两样:一者是自下面做上去,一者是自上面做下来。自下面做上者,便是就事上旋寻个道理凑合将去,得到上面极处,亦只一理。自上面做下者,先见得个大体,却自此而观事物,见其莫不有个当然之理,此所谓自大本而推之达道也。①

由能指及所指的不断的大与溢,衍生之阐,沿着此种路径有序展开,譬如先有《易大传》忽略阴阳之气的物质属性,转而赋予它理性思辨的灵魂,即由下而上;又有后来者,以道为范式标准,指向普遍事物与现象,证其所谓“当然之理”,即由上而下,使物质的阴阳概念扩溢繁复为宏大的矛盾论体系。

---

①黎靖德编,王星贤点校:《朱子语类》,第2762页。

阐衍同义的认证,具有重要的阐释学意义。它充分证明:

其一,衍的扩大和流溢是阐的本质,为阐的合法性找到可靠的语言学根据。[①]《说文·门部》"阐,开也",强调的是阐的开放性与公共性,强调对话而非独断。所谓"尚意"之说,在阐字本身,无论形、义、音,均无明确指向,阐义的文字学基础不牢。前述阐与衍的诸多同训,有力支持阐与衍的共同指向,确证阐所本有的广大、流溢、扩张之语意,使阐之为阐,有了可靠的文字学基础,阐的不重小学而尚大意的合法性也因此而确立。

其二,衍是阐的基本的、主要的方法。阐何以阐?阐的扩容与膨胀依靠于衍。阐为衍,如水流顺轨而下,漫延恣肆,蓬勃旷大,寄言出意,一为二,二为三,三为无穷,皆为依衍而生的阐之基本方法。衍绎之组合可深化认知。所谓绎者,有"长"(《广韵·昔韵》)、有"大"(《玉篇·糸部》)义。同时有"寻续"义,所谓:"绎,相续不绝也。"[②]其义如蔡世远《二希堂文集·历代名儒传序》:"代经秦火,汉儒收拾于灰烬之余,赓续衍绎,圣人遗经赖以不坠。"[③]再如《皇清文颖·跋大学衍义》:"朱子闻而知之,一脉相传,圣道灿然,门弟子相与讲明而衍绎之,其学遂益显于天下。"[④]

---

①现无根据证"衍"早于"阐",或言"阐"由"衍"变。但现有多种甲骨文字典或集释著作中,未见"阐"字,然"衍"的甲骨文形及义多见记载。李圃、郑明主编《古文字释要》、徐中舒主编《甲骨文字典》等,只有"衍"字甲骨文形,无"阐"字甲骨文形。

②朱熹:《四书章句集注》,第68页。

③蔡世远:《二希堂文集》卷一《历代名儒传序》,影印文渊阁四库全书第1325册,上海:上海古籍出版社,1987年,第652页。

④张廷玉、梁诗正等:《皇清文颖》卷十四《跋大学衍义》,影印文渊阁四库全书第1449册,上海:上海古籍出版社,1987年,第283页。

可见阐以衍为基本方法,使圣人遗经与圣道其学得以传承并光大。

其三,以衍识阐,区别于诠或解,可重识中国古代阐释学历史的基本面貌。阐衍与诠解,为中国古代经学演进的两条路线。相对于诠解,以循名责实,以意逆志,通诂明道为追索,阐衍之路,以见仁见知,借杯浇臆,寄言出意①为突破,推动经学阐释不断出新意,出奇果。以衍或阐衍为切入,对中国古代阐释学史当有不同以前的新认知。阐衍与诠解是两种不同的思维方式。经学之演绎比作水流,阐衍之顺流而下,朝宗于海,面向未知,是一种偏好离散的思维方式;诠解则逆流而上,溯及源头,面向存有,是一种偏好递归的思维方式。两种不同的思维方式,决定了两条不同的释义路线,决定了含有多元取向的整体知识格局。

三、衍生与生产

阐衍关系辨明,阐就是衍,或阐以衍生。衍生之义及方法,在当代西方文艺理论,特别是当代文化研究中,同样是被广泛关注的核心话题。大致相同的词义很多,但"生产"一词的意义及语用,具有特别的价值。面对一个文本,接受者的理解和阐释,立足于文本自身去重现文本,还是从本己前见或动机出发,去重新生产文本。以海德格尔本体论阐释学和伊瑟尔阅读理论为代表的一般表达,坚决主张后者,即理解与阐释是文本的生产与再

①汤一介:《辨名析理:郭象注〈庄子〉的方法》,《中国社会科学》1998 年第 1 期。

生产,生产出与文本完全无关的新产品。伊格尔顿就曾如此评述伽达默尔:“一切理解都是生产性的:理解总是‘别有所解’,亦即去实现文本中新的可能性,去使其变得不同。”①伽氏本人不仅认为对文本的阐释是生产性的,而且对文本理解与阐释的前提构成,即与历史的联系,使理解和阐释成为可能的“共同性”同样是生产性的。伽达默尔说:“这种共同性并不只是我们已经总是有的前提条件,而是我们自己把它生产出来,因为我们理解、参与传承物进程,并因而继续规定传承物进程。”②这里的生产到底意味着什么? 意义可能很丰富,但归根到底就是,对文本及所谓历史传承物的扩张、丰富,但如何扩张,如何丰富,是不是有更好的中国概念替代进而超越它,应该认真探讨。

在中国阐释学框架下,“衍”与“衍生”概念及其规定,比“生产”更确当地表达文本阐释的扩张与流溢。对文本而言,衍,意味着开放,既是开放的起点,也是开放的结果。衍的开放是有限而非无限、有约束而非无约束的开放,衍生高于生产。此前辨析,在汉语中,生产本身具有的内涵是清晰的,生有进义、长义、出义、育义,特别是与人生命相关的繁衍,与植物相关的蔓衍义。生只言生。生对生之本身,无约束和规范要求。生与产合用,由产之本义看:“产,生也。”(《说文·生部》)“生,产也。”(《玉篇·生部》)生与产互训,似乎没有增加新的内涵和外延。生与产皆训

①特雷·伊格尔顿著,伍晓明译:《二十世纪西方文学理论》,北京:北京大学出版社,2007年,第70页。

②汉斯-格奥尔格·伽达默尔著,洪汉鼎译:《诠释学》I《真理与方法——哲学诠释学的基本特征》,第415页。

育。“产,生育。”(《集韵·谏韵》)“生,育也。”(《集韵·梗韵》)在此方向上,生与产组合,亦无更多新义。更重要的是,生之本身之无中生有义,对阐释之阐的影响需要讨论。所谓“自无出有”,“本无而致有之之谓生”,与衍本身所含意蕴反差甚大。与各方普遍提及的意义生产与扩大不同,衍是有规范的衍。衍之本身就自含约束,这种约束天然地包蕴于衍之本义之中。根据如下:其一,由字形说,衍,用于水流,水在行中,非在行外,孟子“水由地中行”,约束衍的根本所依。其二,衍为“两厓渚涘之间”衍,水在两岸之间旁推曲畅,非越于两岸是也。其三,衍之为衍,与“洚”字区别,洚乃“水不遵其道也”(《说文·水部》),衍乃两岸之间长流;与“氾”字区别,“氾,滥也”(《说文·木部》)。因禹治水,氾才为衍。其四,更集中的说明是,衍的第一释义为“水朝宗于海”貌。所谓朝宗,朝为方向,宗为本义及属义,言以水流朝东向海,驯服融入于海。现代汉语直接释为“顺轨朝宗”,此义说明,衍无论如何广大、繁蔓,其水流源头清晰,方向清晰,归属清晰。衍的主要倾向是扩大、繁衍、流溢,它当然就有其易于偏颇的弊端。衍之蔓义、余义,就有无节制的可能。所谓“衍,言多溢之美也”“衍溢,言有余也”“衍,散也”,夸张之词,余蔓之词,偏离以至脱开衍之对象的无端之词泛滥,也常以衍的名义盛行。衍非洚,亦非氾,顺轨且朝宗乃衍之正道。阐之顺流漫延,非自行其是,漫延无际,衍则为氾、为滥。衍可溢出约束,然其源仍在上流,最终向海,衍义乃江河之水定向流溢。既如此,其流必有源头,而非无源之水;水于地中行,可谓溢有其道;朝宗于海,乃目标明确,决非无的放矢。更应该指出的是,我们强调阐与衍在扩大、漫延的取向下同义,但阐义本身，重在开放、对话，而无约束与限制义。如何对阐以合理约束，使阐为确当之阐？

阐释有没有约束？争论从未停止。特别是后现代哲学、历史学、文学理论兴盛以来，无约束、无规范的阐释理论成为主流。偶尔有一点不同声音，也和者甚寡。主张阐释必须有所约束的观点，也极端指向作者意图，或以作者意图为刚性约束，如此标准反而使约束主张陷入困境。有约束的衍生，应该兼顾和平衡衍与生的关系。中国古代经学史上，有偏执一方而坚持到底的，当然也有所成就。然而，能为当今阐释学建构提供有益经验的，当为由衍而生、衍生互补、历史地看、循环相衔的合理范式。不论朱熹与戴震对先秦典籍的阐释如何不同，甚至完全相反，但是，在阐释的路线上他们则是完全一致的。朱子主张：

> （解经）必先释字义，次释文义，然后推本而索言之，其浅深近远，详密有序。①

此为衍之次序。如此路径之理由：

> 若不从文字上做工夫，又茫然不知下手处；若是字字而求，句句而论，不于身心上著切体认，则又无所益。②

①朱熹：《晦庵先生朱文公文集》卷三一《答敬夫孟子说疑义》，载《朱子全书》，第1352页。

②黎靖德编，王星贤点校：《朱子语类》卷十九《论语一》，第435页。

此为衍之目的。所谓"著切体认","格物致知","理会义理"。

戴震主张：

> 凡学始乎离词，中乎辨言，终乎闻道。离词则舍小学故训无所藉，辨言则舍其立言之体无从而相接以心。①

戴震的取向与路径同样清晰。字—辞—心—道，从本义起阐释己意，由典籍本义衍生而出时代新意。他重视训诂考证，但反对停留于此：

> 学者大患，在自失其心。心全天德，制百行。不见天地之心者，不得己之心；不见圣人之心者，不得天地之心。②

由此可见戴氏阐释之目的。衍由离词而起，经过言辨，终得天地之心，他既反对"空凭胸臆"，也反对"自失其心"，纵然痛骂朱子，然阐释路线，或言衍生方法与路径同然。这不是偶然的。西方阐释学理论与实践中，有同样现象。

读者反应批评的主将斯利坦·费什，在其教学实验中，将黑板上偶然未被擦去的一张名单作为阐释对象，告诉学生是一首宗教诗歌。直接结果就是，这一本无任何意义的名单，被理解和

---

①戴震撰，赵玉新点校：《戴震文集》卷十一《沈学子文集序》，北京：中华书局，1980 年，第 165 页。

②戴震撰，赵玉新点校：《戴震文集》卷十一《郑学斋记》，第 177 页。

阐释为令人称奇的有关上帝、天堂、受难、牺牲的诗歌。由此，他对阐释作出如下定义："作为一种技巧，解释并不是要逐字逐句去分析释义，相反，解释作为一种艺术意味着重新去建构意义。解释者并不将诗歌视为代码，并将其破译；解释者制造了诗歌本身。"①这种极端的观点，伊格尔顿将其再阐释为"作品中的一切——其语法，其种种意义，其种种形式单位——都是解释的产物"，因此，根本就没有什么"客观的"文学作品，②更进一步，不仅是文学，就是文学以外的一切，"所有的客体是制作的，而不是被发现的，它们是我们所实施的解释策略的制成品"。③但是，也正是这位极端的费什，清醒地知道，阐释必须有所约束，这种约束源自多个方向，但最核心的约束是：

> 自我绝不可能脱离群体的或习惯的思维范畴而存在，正是思维范畴使自我的运作（思考、观察、阅读）得以进行。我们一旦意识到，占据（我们）意识的观念，包括其本身的状况形成的任何观念都是由文化衍生而来的，那种认为存在着一个不受约束的自我，一个完全地而且具有危险性、无法控制意识的想法实在是不可理喻，缺乏根据的。④

①斯坦利·费什著，文楚安译：《读者反应批评：理论与实践》，北京：中国社会科学出版社，1998年，第52页。
②特雷·伊格尔顿著，伍晓明译：《二十世纪西方文学理论》，第83页。
③斯坦利·费什著，文楚安译：《读者反应批评：理论与实践》，第57页。
④斯坦利·费什著，文楚安译：《读者反应批评：理论与实践》，第61页。

他的所谓"有知识的读者"也是一种根本性约束。因为只有这类有知识的读者,才有资格"更加自信地成为我们自身阅读经验的报道者"[①]。也正是他们的理解和阐释,限制或约束了文学阐释的相对以至虚无主义。解构主义的代表乔纳森·卡勒同样如此。在著名的丹纳讲座上,他与安贝托·艾柯辩论,坚定地"为'过度'诠释一辩",主张"诠释只有走向极端才有趣。四平八稳、不温不火的诠释表达的只是一种共识",极端的诠释"更有可能揭示出那些温和而稳健的诠释所无法注意到或无法揭示出来的意义内涵"。[②] 卡勒还提出所谓"表征性解释"或"怀疑解释学",以挑战作者及原始文本对文本意义的创造,否定原初读者对文本意义的理解与阐释,并认为"把文本作为非文本的东西的表征,作为某些假设为'更深层的'东西的表征,认为这才是真正意义的来源"。[③] 但仅以此为根据,我们就可以认定卡勒主张无约束的极端主义阐释吗?好像不可以。因为在提出怀疑解释学的同时,他也有"恢复性解释学"的提法,以对抗无边际的怀疑性阐释。所谓恢复性解释,是"力图重新建构产生作品的原始语境(作者的处境和意图,及文本对它最初的读者可能具有的意义)","力图使当今的读者接触文本的原始信息,在这个过程中评价文本及作者"。[④] 卡勒清醒地指出两种不同解读

①斯坦利·费什著,文楚安译:《读者反应批评:理论与实践》,第165页。

②安贝托·艾柯等著,斯特尼·柯里尼编,王宇根译:《诠释与过度诠释》,北京:生活·读书·新知三联书店,2005年,第119页。

③乔纳森·卡勒著,李平译:《文学理论入门》,南京:译林出版社,2013年,第72页。

④乔纳森·卡勒著,李平译:《文学理论入门》,第71页。

方式的长短,各自的优势与劣势,表达了二者不应对立,而应互补的理论立场。诸如此类的现象还有许多。我们可以举出诸多实例证明,最推崇读者创造或生产地位与作用的理论,无一不是对无约束的阐释可能导致的虚无主义和相对主义保持警惕,无论如何极端,阐释的约束总是不可逾越的底线。

我们曾反复提及,有关文本释义的两条路线,即诠与阐的区别。在阐释学的大构架下,阐与诠就是一种约束关系。阐,解放了诠,以诠为基点,对文本或对象作更广阔视域的义理之阐;诠则规定阐的有效边界,阐无论如何扩张,应有诠之可靠依据为底线。在阐释中,每一位释者或群体可以偏好和集中从事于诠或阐,如朱子与段氏(玉裁),赫施与费什,各有所长,同样的偏执与顽固,但是,他们都知道,偏执于一端,无对立与统一之观照,阐释将无所依归。对阐释之阐而言,衍生,乃由衍而生,是对扩张与约束相互对立并相互同一的精当表达。衍字本义所表达的原生态取向是,衍为阐的基本范式,阐是由衍而约束的阐。

衍生,当是中国阐释学理论体系中具有节点性意义的重要概念。

(原载《社会科学战线》2021 年第 11 期)

中国阐释学建构的若干问题

从1980年代起,西方阐释学由简单译介开始,进入中国四十年了。近些年来,历经各方努力,阐释学已为学界广泛了解和参与,俨然呈现蓬勃之象。同时,应该清醒认知,当下国内阐释学研究,仍以西方阐释学主要是德国现代阐释学为主导,海德格尔、伽达默尔的本体论阐释学,长期左右着中国本土阐释学研究方向,其概念、命题、范畴,以至基本方法,皆为范式与准则,舍此似无阐释学可言。以中国传统经典阐释经验和实践为方向的理论努力,影响微弱,甚至被轻视,构建中国风格、中国气派的中国阐释学起步艰难。这种局面应该有所改变。中国话语体系建设,中国风格、中国气派的学术构建,同样应在阐释学上得以实现。如此要求,要做的工作很多,首先必须解决若干事关中国阐释学建构基础与方向的根本性问题,当以如下几个方面为要。

一、出发点与落脚点

当代中国阐释学之基础建构,应该从哪里出发,落脚于哪里,是从中国传统阐释学思想与经验出发,落脚于当代文化实践，还是从西方传统与诉求出发，落脚于西方理论的自我循环？毫无疑问，应该是前者。只有依靠中国阐释学传统与经验，融合于当代各学科，尤其是前沿学科的学术创造与实践，进而被广泛接受和应用，中国阐释学的实际建构才成为可能，才有存在的意义。在很大程度上来说，这是由民族文化基因决定的。所谓民族文化基因，集中体现为民族的语言与思维方式。东西方不同民族的生存环境及精神成长，决定了彼此差别甚大的文化形态。从哲学、文学、史学，到语言学、民族学、人类学，只要存在认知和表达，理性的阐释行为就在展开。阐释是思维的阐释，思维是阐释的思维。不同的民族心理与历史经验，生成不同的思维方式；不同的思维方式，生成不同的阐释方法与范式。对阐释学而言，思维方式的差异主要体现在以下三个方面：其一，从逻辑上说，西方重演绎逻辑、纯粹思辨的路径；中国重归纳逻辑、理性合一的取向。其二，从伦理上说，西方重个体，偏于自由主义；中国重族群，偏于集体主义。其三，更根本的是，从语言文字上说，西方是表音文字体系，中国是表意文字体系，所谓象形文字之"象"，决定了汉语言民族的思维不同于西方其他民族。这里仅指出中西差别，二者没有高低之分，优劣之分。正是这些差别，使东西方文明呈现了完全不同的面貌。

由此，中国阐释学应该从中国的思维本征和特质出发，从中国阐释传统和经验出发，从中国当代面临的诸多实际问题出发，构建中国形态的当代阐释学。这里有两个问题要特别说明。其一，阐释为学，是西方的创造。中国古代没有西方现代意义上的阐释之学。当代中国阐释学为何以中国传统为出发点？我们的回答是,中国学术有深厚丰富的阐释传统和经验。从《周易》到《诗经》,甚至最原始的甲骨文,中国三千年的学术思想与体系,皆由阐释而生成和光大。以阐释学的眼光及标准认知并发扬这个传统,从表象到规律,从技术到方法,以至更广大的方法论,中国当代阐释学建构基础深厚可靠。其二,以中国传统为基,是不是要拒斥学习西方文明精华?相互学习、交流提高,是世界一切民族和人类文明进步的基本动力。进一步的扩大开放,不仅是在经济与社会领域,而以更广大胸怀和眼界面向世界,借鉴并接受各民族文明与文化的精华,是成功建构当代中国阐释学不可或缺的基本条件。对西方阐释学和西方哲学、史学、文学及其他学科的阐释方法提出不同意见,作出批评与反思,同样是积极的学习,而非消极的否定。扩大开放,学习借鉴包括西方阐释学在内的世界其他民族的优秀文化成果,是构建中国当代阐释学不可动摇的基本方略。应该有更广大的队伍,专事西方阐释学研究,为构建中国阐释学提供科学方法与理论资源。当代中国阐释学的落脚点,是当代学术与文化实践,要为当代中国哲学社会科学以及文化发展,提供科学有效的方法论——既非僵化地模仿西方,也非简单地回归传统,而是立足中国实践,回答当代问题,此为中国阐释学话语创新的根本路径。

二、重在方法论还是本体论

我们坚持方法论与本体论并重。立足当下实践和发展水平,中国阐释学的构建应考虑从方法论起步和上手。长远看,方法论阐释学研究也必然是一个不可忽视和放弃的方向与重点。19世纪施莱尔马赫以方法论为起点,构建了一般阐释学体系,经由狄尔泰衍化与发展,进入20世纪,海德格尔为先,引领并实现了本体论或哲学阐释学转向。由此,西方阐释学以本体论研究为主潮,而方法论阐释学派,无论赫施,还是贝蒂,似为边缘。以至在当下中国学界,主张方法论的阐释学,被视为倒退。这就提出问题:其一,是不是本体论就一定高于方法论,有了本体论就要抛弃方法论;其二,是不是西方转向了,中国阐释学也一定要跟着转向;其三,目前,当代中国阐释学构建为什么要以方法论为主攻方向。我主张,在哲学意义上,本体论与方法论是统一的,两者不可能截然分开。哲学史上的任何可称为本体论的学说都是方法论的,只有是方法论的,其本体论才有意义可能。没有与本体论相脱离、相分裂的孤立的方法论,也没有不具备方法论意义和作用的本体论。两者从来都是统一的。对本体或现象的体认及把握如何,认知、研究、改造本体或现象的方法就将如何。本体论研究是建立在方法论基础上的,任何本体论最终都要提出自己的方法论。方法论不是简单的操作技术,而是深刻的思想和思维范式。本体论也不仅仅是探究世界,还包括意识主体之本源与基质的理论,其本身也是理解和认知世界的视角和方法。更进一步,一切本体论都是方法论的直接或间接的依据,否则,其意义和价值将不复存在。从苏格拉底到海德格尔,无一例外。至于阐释学的演变,本体论的提出扩大和深化了阐释学研究视野,建构了阐释的生存意义,将精神阐释与生活世界融会一体。阐释学的存在论意义被呈现,以本体论的视角研究阐释现象与行为,这同样是方法论的进化。海德格尔以此在和共在揭示人的本质,进而以此为方法重新认知天、地、人、神,在这个意义上,存在论既是本体论,也是方法论。没有证据证明应该放弃方法论的阐释学,也没有证据可证方法论的阐释学就一定落后于本体论的阐释学。中国当代阐释学不放弃本体论的探索,比如阐释的心理学研究,就是进行本体论探索的一种努力。

当前,中国阐释学建构应以方法论为重,其原因有二。一是,中国传统阐释历史的累积深厚博大,其当代转化由方法论的抽象与进化上手,进而实现本体论的超越,其可靠性、可行性明显。二是,在具体应用上,方法论阐释学具有更直接的实践性和普遍有效的实用性。从学科发展来说,本体论阐释学固守哲学范畴,重在形而上的纠缠,难于超越学科界限,方法论阐释学以有效方法实际运用,具有明显的超学科性质,为多学科提供范式基础,乃至引发范式革命。西方阐释学的第三次转向,在某种程度上显现了本体论阐释学的局限性,显现了西方阐释学新的超越企图。这种超越,一方面强调了阐释学的社会批判意义,另一方面指向了方法论阐释学的回归。从学科意义上讲,不仅是人文学科,文学、史学、哲学理论皆为典型的精神阐释,也同时是最直接的阐释方法,就是自然科学,作为对客观自然现象的说明和阐释,方法和范式也当为优先。更彻底的说明是,本体论的研究也必须有正确的方法,必须以正确的方法论为前提,没有正确且不断进步的方法论,本体论研究将失去可能。阐释逻辑的研究,既为阐释提供方法,其思维规则与范式,亦为阐释存在的本体论根据。在这个意义上,本体论一定先进于方法论的提法就是非本体论的。鉴于此,我主张,在中国阐释学建构上,本体论与方法论并重,方法论优先。

三、汉语言文字研究与阐释学的关系

语言是民族的语言,民族是语言的民族。语言与阐释的关系是,语言决定思维,思维决定阐释,阐释是语言的阐释。这个逻辑关联与线索为东西方多种学说所证明。不同民族的语言决定其思维与阐释方式的深刻不同。无论是在本体论还是方法论意义上,语言研究永远是阐释研究的根基。在学科建构上先行一步的西方阐释学从未放弃文字与语言方向上的阐释学研究。海德格尔、伽达默尔讨论阐释学概念,毫无例外地从字与词的希腊与拉丁词根言起。现代语言学的奠基者索绪尔曾郑重指出:"我们的研究将只限于表音体系,特别是只限于今天使用的以希腊字母为原始型的体系。"①对其他语系,特别是对汉语无效。无论西方如何转向,在中国阐释学建构上,包含了训诂学、文字学、音韵学的中国语言文字学,或传统所称的小学,其永远具有基础性意义,不可或缺。阐释学不是训诂学,但包含训诂学,无训诂的阐释学无以为据。训诂学不是阐释学,但必须进入阐释学,无阐释企图的训诂无以达理。训诂与阐释不同,阐释不止于训诂,训诂是阐释学整体框架中的核心要素,是一切人文阐释的基本方法。中国古代的训诂学积累了极为丰富的经、史、子、集

①索绪尔著,高名凯译:《普通语言学教程》,北京:商务印书馆,2009年,第38—39页。

的语言和阐释实践，形成了富于中国特色的阐释方法与形态，这一学术传统为以方法论为重的中国阐释学奠定了坚实可靠的基础。

中国阐释学建构当由以训诂学为代表的语言文字学入手，其要义有三。一是，弘扬民族精神。汉语言文字的精神基因——象形，是一种直观感受和认知。《说文》释“阐”，以“从门”为形，直接表达阐的开放、向明、交流意，拒绝自守、向晦、独断意，直观而深刻，蕴含了中华民族的融容宽大精神。① 汉语言文字的表意，是一种整体的统摄和把握，其自身包含丰富的衍生意义。《说文》释“衍”，为早期的甲骨字形，意谓“水在地中行”，“阐”“衍”搭配，由此而生阐释的扩张与约束，宣表了阐释自律与创新相持相守的张力。② 二是，基本概念的辨识，特别是以民族的概念相别于西方的概念。有一种现象必须认真对待，即大量的西方概念翻译为汉语时，将西方概念的本来意义与汉语言文字简单对接，产生了许多既歪曲西方概念本义，也错误使用汉语，造成思维和理论混乱的现象。我坚持认为，在汉语言框架下，把伽达默尔的阐释理论译为诠释学，就是一种曲解。比如“理性”一词，把古希腊以来的纯粹逻辑、思辨概念，译成中国包含“性”与“理”之融合的理性，在哲学、美学、阐释学上生产了诸多歧义。三是，将西方概念融于民族语言概念，创造自己的概念。任何学科与理论，其独立性与独创性，均以标识性概念的独

①参见张江：《“阐”“诠”辨——阐释的公共性讨论之一》，《哲学研究》2017年第12期。

②参见张江：《“衍”“生”辨》，《社会科学战线》2021年第11期。

立与独创为标志。没有独立与独创的概念,只能是随时被湮没的他人的影子。西方阐释学中的许多重要概念,在中国阐释学传统中就有同类表达,以民族的思维和语言方式呈现,对其精准内涵与广泛外延的把握并不弱于西方词语。中国阐释学中的一些具有基础和指向作用的概念,当以汉语言表达为上。老子的“前识”(《道德经》第三十八章:“前识者,道之华而愚之始。”)是否比海德格尔的“前见”更能表白其本义;汉字的“迭”义,或代或互,可否与伽达默尔的“视域融合”相容,①都应该深入讨论,并在讨论中强化阐释学的民族意识与创造。如此,训诂学的引入,恰恰是中国阐释学建构的正确方向与有效方法,是打破西方形而上理论束缚的真正突破点。

四、阐释学的多学科交叉与相融

多学科交叉是理论生长和创新的原始动力。我们面临的问题是,执着于阐释学的某一方向的研究,总是以为这个方向是唯一正确的方向,忽视甚至抵制其他方向的开拓与创新。专注于阐释学的某些具体问题研究是必要的,但拒斥其整体研究与总体建构就失之偏颇。专注于阐释学史的研究是好的,但对当下其他学科的实践和进步漠不关心就难以有所创新,特别是一些相邻与相关学科,文学、史学、心理学、语言学、传播学、社会学,以至人工智能、云计算、群体智能、人机混合智能等领域的突破性成

①参见张江:《“通”“达”辨》,《哲学研究》2021 年第 11 期。

果,对阐释和阐释学建构都发生了深刻影响,甚至彻底颠覆了我们对阐释及阐释学的基本认知。譬如,算法语言就是阐释。在模拟人脑思维表达上,算法语言的理解与阐释呈何种状态,依据何种机制运作,将对阐释学理论产生难以预估的影响。这是我们必须面对的问题。人工智能,特别是能够不断深入复杂自主学习的二代以至三代、五代人工智能,对客观世界与人类,对其自身的智能理解与阐释,包括其公理体系、逻辑规则、推理与偏好等一系列原点问题的认知与处理,是新的阐释理论的有力生长点。譬如,人工智能在处理对话与交流上,就有"论辩逻辑"的讨论,①科学解决在一组具有冲突和不同偏好的论证与阐释中如何选择和确定集体可接受的认证问题。毫无疑问,此类研究与探索,当为解决阐释的主观意志影响,类如前有与前见难以避免的影响,克服强制阐释及动机性阐释的弊端提供新的视角与路径。这当是有别于形而上猜想的科学方法。

世界在发展,科学在进步,知识与学术方法不断更新,偏注于一隅,阐释学终将会被重新打回冷宫。这里有一个核心问题,即精神科学与自然科学的关系。在阐释学历史上,狄尔泰明确提出精神科学与自然科学的方法论差异。② 这是进步的一面。但是,如果把两者完全对立起来,认为自然科学的一切皆于精神科学特别是哲学、史学、文学的研究无益,甚至是精神科学发展的障碍,则是落后保守的态度,是迂腐没落。所谓科学精神的指

①廖备水、黄华新:《不一致问题与论辩逻辑》,《学术月刊》2013 年第 6 期。
②参见狄尔泰著,艾彦译:《精神科学引论》第 1 卷,南京:译林出版社,2012 年,第 13 页。

引，一是，从现象和事实出发，期望与假言应以现象本然为依据，论证与指认皆为正当逻辑规则所约束，有效性与公共性皆以可靠的标准所衡定，而非仅从理论出发，任由意志冲动或潜意识决定阐释，自己检验自己。更重要的是，科学在非确定性的绝对状态下，坚持追求相对确定的认知，为人的存在提供可能和保障，而非如一些人所认为的，人文科学皆无确定性可言，必须放弃确定性追求。确定性是对目的而言的，而非就结果而言。二是，借鉴和创造科学的方法。自然科学的方法，包括数学、物理，特别是当代科学所掌握的创造性、综合性的方法，在不确定条件下追索确定性认知的方法，大规模、可重复、能预见的实验方法，都为精神科学的进步提供了新的认知路径。学习并运用这些方法，对阐释学的进步具有重要的推动意义。此处要解决的问题是，其一，积极宽容的态度，不要以为精神现象比自然现象更复杂，而轻视自然科学方法。多有一点哪怕是自然科学方法论的常识，都会极大地开动人文学者的脑筋，拓宽人文学者的视野。其二，借鉴自然科学方法，不是简单地场外征用，必须最大可能地学科化。人文现象不是自然现象，简单地照搬及挪用自然科学方法，不能解决问题。历史上许多新方法的应用之所以未能成功，就是失于简单挪用。借鉴运用自然科学方法，有一个长期深入的学习、试验、消化过程。重要的是，必须自觉采取一个开放的态度和学习的姿态。此为中国阐释学构建得以可能的动力之源。

五、阐释学理论的实践与应用

任何学科的进步都依靠应用。无论如何抽象的形而上玄思,若非上升为系统科学的思维方式,若非找到更重要的解决问题的方法,都无从成立和发展。所谓阐释学,无论本体论还是方法论,若不能为各学科广泛应用,重归冷宫以至湮灭是必然结果。公羊高以今文为立场和方法阐释先秦经典,为其所处时代政治文化发展所用,中国古代阐释学也因此而有早期的系统规则与方法;海德格尔以存在论为立场和方法阐释荷尔德林的诗作,其本体论阐释学因此而发扬光大,并因此而丰富和发展了其本体论阐释学思想。中国古代缺少系统的阐释学集合,但阐释的方法应用于深厚的经学阐释,阐释学在应用中逐渐累积成长出中国独有形态。西方由古希腊的哲学对话始,再有圣经阐释与法律阐释在应用中成学,经两千年积累方有施莱尔马赫的一般阐释学出世。首先应该扩大阐释学在人文学科中的应用,已引起关注的是文学阐释研究。文学阐释的特殊性被突出强调,其前见的不可避免与适度消解,文本的自在意义与阐释者动机诉求,无限意义与有限约束等诸多原点问题被讨论。虽无共识,但讨论本身的建构价值充分显现。历史阐释学亦有起步迹象。特别是对西方史学理论的反思,对事实尊重,对意义发挥的根据与限度,以及对历史虚无主义的批判,在历史阐释学的建构过程中贡献颇多。哲学阐释学最弱,这里是指哲学的阐释方法,即对哲学阐释的一般方法研究缺失。本体论阐释学是对阐释学的存在意义研究与定义,不是哲学研究方法论的讨论。哲学研究同样需要阐释学的辅助以至引导。本体论阐释学的实际阐释方法本身是突破点。

传统的人文学科以外,在法学研究及司法实践中阐释始终在场。法律阐释学是阐释学的重要起点。各个国家的宪法修正或法律解释,是阐释学的最直接应用。理论上讲,对一切社会科学研究而言,方法论的阐释学具有一般性意义,只要是在表达,意即将对现象的认知和理解表达于人,阐释就在展开。如此,阐释目的、路线、标准、规则等等,阐释学的全部问题都将以其特有形态呈现出来,发生作用,决定阐释的质量与水平。理性的阐释主体,努力掌握和自觉运用阐释学原理,其学术阐释会有新的面貌。更重要的是,各学科的创新与创造,新的学术思想及其表达与呈现方式,可为阐释学的构建与发展供给生动活跃的思想资源,是阐释学得以成长的生命之源。不断前进的实践创造,永远高于停滞原地的历史经验。

六、形态的系统与完备性

当代中国阐释学应有其完备形态。有一种意见是,阐释是独立主体的实践行为,因为主体动机与方法不同,以确定对象为目标的阐释,从行为到结果差异深刻。西方后现代文化主潮,就是反对普遍性追索,摒弃一般方法论的集合与描述。伽达默尔就认为阐释学“本来就不是一个方法论问题”,“不是为了构造一种能满足科学方法论理想的确切知识”。① 这里的要害是,中国阐释学之学到底为何意?我认为,它包括两个层面的义与意。其一,此学为学问之学,是实践与经验的累积和增长。这种实践与增长无系统总结,为学术共同体所默认,为传统所容纳,诸如我们所认知的中国古代的阐释实践,就以离散的经验呈现,无体制性规定,其散漫的、实用的,或者可称为实践理性的展开过程与成果,集合为阐释之经验和学问。其传承方式是教化,在实践中体验、感悟,无条条框框规定和约束。其二,此学为学科之学。在此意义上,阐释学作为与其他学科,包括紧密联系的哲学、语言学、心理学相区别的独立知识体系,对理解与阐释,具有普遍指导与应用意义。一切学术研究无一例外地以阐释开显,阐释因此而有一般本体论和方法论的意义,也因此而区别及高于其他各学科的存在。可以提出的疑问是,阐释既可以离散的实践方式存在和展开,中国古代阐释学就以此为长,构建系统、完备的阐释之学为何必要?如此就要讨论学科以及整个科学建构的必要性。人类的实践经验由个别、具体而起,个别与具体的经验必须上升为一般知识,才可能传承和推广,无知识化的科学建构,人类的实践包括精神活动的实践在内,其行为是盲目的,是要耗费无尽资源,持续无效重复的。学科的建设,将个别经验上升为一般制式,用于规范实践,实践才是有指导的实践、自觉的实践。人天生就有语言能力,在漫长的语言实践中,生成累积了丰富的语言经验,但人类仍然需要语言之学的学科建设与研究,

①汉斯-格奥尔格·伽达默尔著,洪汉鼎译:《诠释学》I《真理与方法——哲学诠释学的基本特征》,第3页。

认识和把握语言。有了系统完备的语言学，语言的本质才被确当认知，语言行为和经验，才能为确当规则和方法所指导，语言的生成与创造才能更少障碍地展开与实现。逻辑学、人类学等所有之学能够成立，均是如此道理。阐释必须为学，而且应该是系统与完备之学。所谓系统是指，整体性是阐释学的基本特性。其构成要素以科学结构及相互衍化而结构整体，整体大于各要素之和，可解决独立要素不能解决的问题。各要素的专业方向为整体服务，整体于自身展开中深化和丰富要素。所谓完备性是指，作为一个形式系统，其概念、命题、规则、定理，是自洽与协同演进的，可以相互引申与证明，无逻辑矛盾与漏洞。于前者，其基本的、原点性的重大问题均应蕴含，譬如，阐释的本质、动力、目的、方法、规则、有效性标准等，均应有圆满解决；于后者，上述基本问题的解决方案应该相互关照，相互协同。譬如，阐释的目的与方法之间，其关系是相互融通的，目的决定方法，方法实现目的。目的决定了，方法自然同解，方法正确了，目的的实现成为可能。在汉语言框架下，“解”“诠”“阐”之间由低向高演进，“阐”“诠”“解”之间，由高向低包容，互为目的与手段，不必极而端之，相互抵牾，最终皆旨在提高和增强阐释的有效性。阐释学形态的系统与完备，是一个不断创造与进步的过程，道路曲折漫长，但无论如何艰难，初心不可改，目标不可放弃。

以上六个问题，是当下中国阐释学建构必须面对和解决的问题。核心和要害是，中国学术传统中，虽无阐释之学的概念和学科，但有丰富的阐释学思想和经验。这是构建当代中国阐释之学的可靠资源和坚实基础。在学科化问题上，我们当然要学习借鉴西方阐释学成果，但不是用西方阐释学的已有框架来裁剪或规制中国阐释学经验和思想；我们当然要继承发扬中国传统，但不是简单地回归古代，完全照搬，而必须立足于当代中国的政治、经济、文化实践，提取和改造传统阐释学资源，从本体论到方法论，提出和建构我们自己的概念、范畴、命题，以至完备的体系。构建当代中国阐释学，不能接着西方的话讲。当代中国阐释学不是西方阐释学的中国篇，不是西方阐释学的中国学派，而是中国风格、中国气派的新的当代中国阐释学。其中一些根本性问题，不仅是中国阐释学面临的问题，同时也是整个人文社会科学必须面对和解决的问题。学科体系、话语体系的建设，必须继承中国文化传统，立足于当代中国实践，依靠多学科交叉，依靠实际应用，在有效应用中发展。立足于外来理论，立足于形而上的纠缠，断崖式地割裂学科关联，满足于跟着西方讲，满足于理论生成理论，没有前途。

系统完备的当代中国阐释学值得期待。

（原载《探索与争鸣》2022 年第 1 期）

训诂与阐释

——阐释学体系建构讨论

训诂与义理、诠释与阐释的关系，曾有诸多讨论。训诂是否阐释，阐释是否训诂，各方意见不同，难有定论。究其所以，在语义学和阐释学框架下，弄清训为何物，阐为何物，是确定两者相异与相关的基本前提和要害。总体判断，于阐释学的整体构架内，阐释不可失于训诂，训诂是阐释的起点；阐释不可滞于训诂，训诂必达阐释。无训诂的阐释为空疏之言，无阐释的训诂为支离碎片。中国阐释学的构建，当以训诂本义之诠释为起点，以衍生新意之阐释为根本目的，最终通达义、理共识的诠释与阐释互补的完备形态。

一、两条路线

在中国传统阐释实践中，从来都有两个方向的努力。一个方向是，以历史文献为对象，寻找和证明文献所生所含之“本义”，以求经典原始认知，意在开显和证明对象本来面目和方法，为传承所用。另一个方向是，以历史文献为中介，衍生和发挥文献少有甚至所无之“意义”，以言经典当世认知，意在创制和传播新的思想和价值,为当下所用。前者为训诂,后者为义理,此为中国经学传统的两条路线。进一步说明,在阐释学的框架内,从目的到方法,所谓训诂,可比为“诠”。按照孔颖达的定义:“诂者古也,古今异言,通之使人知也;训者道也,道物之貌以告人也。”“然则诂训者,通古今之异辞,辨物之形貌,则解释之义尽归于此。”①务于形貌,止于异辞,足于解释,而非义理,更非大道,此为训诂之索。所谓义理,可比为“阐”。与训诂相对,义指索义理、得大道,阐释非拘于诂训,须以义理治经,阐释本心之意,并且背离经义自建系统。

以历史的眼光看,春秋以来,训诂与义理、阐释与诠释这两条路线,共生共存,此消彼长,相互纠缠,乃至于今。从源头开始,孔孟与老庄对现象与前典的理解与阐释就有本质不同。孔子“述而不作”,孟子“以意逆志”,老子“道可道,非常道”,庄子“道不可言,言而非也”,开启了古代中国阐释实践和思想泾渭分明的两条路线。汉代经学高度发达,今古文之争影响后世。古文偏向于申说原始蕴含,建构“我注六经”的释义模式;今文倾心于微言大义,断章取义,构建“六经注我”的释义模式。及至魏晋,玄学名士偏好于老庄,②弃绝训诂而大张义理,所谓“言意之辨”,“言尽意”或“言不尽意”,终以“得意忘言”,“寄言出意”为上,将阐之一道推向新途。初唐,有孔颖达《五经正义》赓续古文经学传统,重训诂以反玄学。及至宋明,尤以二程与陆王为典范,穷究天地之理乃为阐释之学最高目标,所谓“摆落汉

①孔颖达:《毛诗正义》,上海:上海古籍出版社,1990年,第13页。

②此处仅以老庄为代表,其间佛教的传入与盛行,也是重要因素。

唐,独研义理”,不走“非惟训诂相传,莫敢同异,即篇章字句,亦恪守所闻”(经部总叙)①的老路,将“心解”“自得”“脱去训诂”(黄震《黄氏日钞》卷二《读论语》)推至极端,王阳明只以良知为天理,皆非据实据经或诠或阐,“心既理”“心外无物”,或阐或释,随心所欲足矣。② 由此,老庄一路走到尽头。作为转折,有清一代,朴学、考据大兴,以顾炎武、戴震为领袖,开启新篇,以段玉裁、王念孙、王引之为后续,考证、金石,以至小学,登上巅峰,阐经必训诂,成为清代治学之根本。钱大昕的阐释立场可谓鲜明坚定:“尝谓六经者,圣人之言,因其言以求其义,则必自诂训始;谓诂训之外别有义理,如桑门以不立文字为最上乘者,非吾儒之学也。”③时过二百多年,晚清康梁发起今文学运动,民国初年的章黄“小学”,又是一番轮回,至今影响巨大。

以上简单梳理,可明历史大势。如果以孔孟为起点,老庄之反抗,其力量与影响势均力敌,各自牵引了后世跌宕起伏的阐释史进程。西汉早期今文经学,秉承老庄旨趣,遭遇东汉末年古文经学的回击。两相斗争,成就了中国古代阐释学之模态,其主体框架与基本形态由此而现端倪。魏晋则是一次大的否定,将老庄之道推向高峰。及至宋明理学,其间虽有唐初孔颖达的反正,大势仍乃今文之天下。特别是隋唐两代佛学思想的膨胀与传

---

①纪昀总纂:《四库全书总目提要》,石家庄:河北人民出版社,2000 年,第 49 页。

②宋明理学虽称自己佛老并斥(朱熹说:“则吾道之所寄不越乎言语文字之间,而异端之说日新月盛,以至于老佛之徒出,则弥近理而大乱真矣。”),但其方向与道路确是义理阐释一途。

③陈文和主编:《嘉定钱大昕全集》第 9 卷,第 375 页。

播,诗学理论的高涨,所谓“移花接木”“谈禅说诗”,以至元明才子“借杯浇意”,[1]使老庄之阐如滔天潮流,势不可挡。直至明末清初,以乾嘉学派为中坚的力量,奋起批判盛行千年的心学、禅学之漏缺与霸道,以考据、金石为方法,以“返经”“正经”为目标,力举复原经典面目,极欲返回经典未被篡改的本真状态。清代大师批判“自晋代尚空虚,宋贤喜顿悟,笑问学为支离,弃注疏为糟粕,谈经之家,师心自用,乃以俚俗之言诠说经典”[2],呼号“诚欲正人心,必自反经始;诚欲反经,必自正经学始”[3]。他们甚至认为,那种背离经典本义的魏晋、宋明之阐,是亡国之道。顾炎武指出,所谓“王夷甫之清谈”“王介甫之新说”“王伯安之良知”,乃“害政亡国”之路。[4] 于是,可统称“朴学”的考据学、金石学、典章制度学大兴,“实事求是”成为基本口号。

循此线索,尚无深入考证,其意是大致说明,从孔孟、老庄始,中国古代历两千五百年的历史,两条阐释路线、两种阐释思想,起伏与纠缠,各有特色与长短,延续不断,描绘中国古代经典学术生产的基本图景。这种起伏表明,所谓训诂与义理之究,亦所谓阐诠之道,于不同的历史时代,各有其大势,或主或次,此消彼长,波浪式的演进于学术构建之中。用辩证唯物主义的话说,就是否定之否定,波浪式前进,螺旋式上升,乃历史进程的基本规律,非人力可抗拒,在中国阐释学实践中得到证明。阐与诠的

①参见周裕锴:《中国古代阐释学研究》,上海:上海人民出版社,2003 年,第 144—334 页。

②陈文和主编:《嘉定钱大昕全集》第 9 卷,第 377 页。

③钱谦益:《牧斋初学集》卷二八卷,上海:上海古籍出版社,1985 年,第 851 页。

④参见周裕锴:《中国古代阐释学研究》,第 339 页。

否定之否定,多个阶段,层层推进,把自己同时也把对方推向极致。否定的特征是明显的。

其一,两者同样具备强大的生命力,在肯定自己的同时,不断培育着否定自己的强大力量。某一时代以义理或阐为上,将经典发挥到极致,就为新的训诂或诠打开空间,诠释之风必将反复,在肯定阐的意义上否定阐。乾嘉学派正是在否定宋明理学的过程中,开创远高于汉唐古文经学,今天看去也堪称完整的训诂学体系。阐与诠、义理与训诂在螺旋式上升中,生机勃发,实现学术创新与传承之用。

其二,"否定"与"肯定"相互依存,因对方存在而本己存在。在阐释学意义上,训诂与义理缺一不可,诠释与阐释不可分割。毫无疑问,从方法论上讲,阐与诠差异巨大,以至于相互对立。所谓没有否定就无肯定,肯定在否定中实现。没有孔孟,就无老庄;没有今文经学,就无古文经学,反之亦然。①从具体的历史横截面看,各自都有绝对、极端甚至歪曲和荒谬的一面,但从历史全过程看,训诂与义理、诠释与阐释,两者互为动力,阐是在对诠的批判中,以自己的方式走出新路;诠是在对抗阐的斗争中,铸就完备的方法,共同成就了中国古代经学发展的全部辉煌。两者之间无先进与落后,孰高孰低之分别。全盘、极端地扬此抑彼,不是历史的、科学的态度。

其三,否定之中的相互融合。否定之否定的意义和价值在于融合,或曰扬弃。孤立地看古代阐释学史的片段,每一个阶

①如皮锡瑞言:"当古文未兴之前,未尝别立今文之名。"皮锡瑞著,周予同注释:《经学历史》,北京:中华书局,2004年,第55页。

段,大多的人和论,都是在彻底诋毁前一个阶段的人和论。但是,立足于全局,宏观辨析阐释历史的长过程,训诂与义理相互补充、相互扬弃,当为阐释学生长与发达的根本之道。阐渗透于诠,诠力图生阐,此类现象,不仅经常在不同时代、不同学派之间发生,同时,也在同一时代同一学派之中呈现。更突出的是,在同一学者的观念中,不同的阐释倾向交替轮回,大有以诠出阐,以阐归诠的倾向。历史上有三个代表人物——郑玄、朱熹、戴震,均将训诂与阐释努力纠合,取其所长,构建各自相对完备的阐释模式。郑玄为东汉末年古文学者,曾随著名古文学大师马融学经,为汉古文经学集大成者。但郑玄非"守文之徒",绝不"滞固所禀"。[①] "郑注诸经,皆兼采今古文。""注《尚书》用古文,而多异马融;或马从今而郑从古,或马从古而郑从今。"不仅注《尚书》如此,郑注其他经典,均"兼采今古文也"。在方法上,坚持今古文各自所长,力克各自所短,杂糅相合,"从今文则注内叠出古文,从古文则注内叠出今文"。[②] 郑玄"使经学今古文汇为一家"[③]。今古文之对立与隔障,亦即训诂与义理、诠释与阐释之相违,在郑玄这里可见消弭之征象。至于宋学,皮锡瑞说:"宋人不信注疏,驯至疑经;疑经不已,遂至改经、删经、移易经文以就己说,此不可为训者也。"[④]朱熹作为宋学领袖,义理是他的旗帜。但是,他懂得训诂不可弃,无训诂的义理乃空妙之

①束世澂编注:《后汉书选》,北京:中华书局,1966 年,第 104 页。
②皮锡瑞著,周予同注释:《经学历史》,第 96 页。
③葛兆光:《中国思想史》第 2 卷,上海:复旦大学出版社,2013 年,第 291 页。
④皮锡瑞著,周予同注释:《经学历史》,第 189 页。

谈。比较训诂与义理之短长，朱子自有清醒认识："窃谓秦汉以来，圣学不传，儒者惟知章句训诂之为事，而不知复求圣人之意，以明夫性命道德之归。至于近世，先知先觉之士始发明之，则学者既有以知夫前日之为陋矣。然或乃徒诵其言以为高，而又初不知深求其意，甚者遂至于脱略章句，陵籍训诂，坐谈空妙，展转相迷，而其为患反有甚于前日之为陋者。"①所以，朱子的义理或阐释的方法是先训诂，后义理，以避"坐谈空妙"。他的阐释路线是，以训诂为起点，先字义，次文义，再次索理。"人之为学也是难。若不从文字上做功夫，又茫然不知下手处；若是字字而求，句句而论，而不于身心上著切体认，则又无所益。"②戴震是以《孟子字义疏证》立其哲学和文化史地位的。他的阐释学及阐释方法与实践，扭转宋明以来理学心学空疏无根之阐释。"宋以来儒者，以己之见硬坐为古贤圣立言之意，而语言文字实未之知；其于天下之事也，以己所谓理强断行之，而事情原委隐曲实未能得，是以大道失而行事乖。"③戴震对经典考释立足于训，强调"有一字非其的解，则于所言之意必差，而道从此失"④，几为纯粹的训诂立场，足让后人视为极端之法。但也正是这个戴震，并非停留于考据，考据只是手段，义理才是目的，从考据入手，以"得心""至道"。他说："学者大患，在自失其心。心全天德，制百行。不见天地之心者，不得己之心；不见圣人之心者，不得天地

①朱熹：《中庸集解序》，载《朱子全书》第24册，第3640页。

②黄士毅编，徐时仪、杨艳汇校：《朱子语类汇校》，上海：上海古籍出版社，2014年，第463页。

③戴震撰，何文光整理：《孟子字义疏证》，北京：中华书局，1982年，第173页。

④戴震撰，何文光整理：《孟子字义疏证》，第173页。

之心;不求诸前古贤圣之言与事,则无从探其心于千载下。是故由六书、九数、制度、名物,能通乎其词,然后以心相遇。”①其实现路径是:“故训明则古经明,古经明则贤人圣人之理义明,而我心之所同然者,乃因之而明。”②

从方法论与本体论的意义说(大致相类于训诂与义理),两条路线的对立纠缠,同样漫长而尖锐。从古希腊始,色诺芬与柏拉图,哪一位更忠实于苏格拉底,史上争论不休。20世纪的罗素还在发出疑问。③ 西方当代阐释史上,伽达默尔与贝蒂之争,④艾柯与罗蒂、卡勒之争,⑤余音未断,已为经典。更值得注意的是,以利科为代表的西方阐释学的第三次转向,即从本体论转向方法论的趋势,⑥所谓训诂与义理,方法论与本体论之争无法回避,其历史循环将无穷无尽,是为阐释学的基本规律。

综上,阐释学史上的两条路线脉络清晰。训诂与义理因相异而共存,在不同历史时期各领风骚。据上者居上,达及顶者而衰;位下者屈下,落至极点而兴。义理与训诂争论不休,对立双

①《戴震全书》第6册,合肥:黄山书社,2010年,第405页。
②《戴震全集》第5册,北京:清华大学出版社,1997年,第2614页。
③罗素著,何兆武、李约瑟译:《西方哲学史》上卷,北京:商务印书馆,1963年,第119—120页。
④参见朱立元:《伽达默尔与贝蒂:两种阐释学理论之历史比较——从当代中国文论建设借鉴的思想资源谈起(下)》,《当代文坛》2018年第4期。
⑤参见安贝托·艾柯等著,斯特尼·柯里尼编,王宇根译:《诠释与过度诠释》。
⑥参见何卫平:《西方解释学的第三次转向——从哈贝马斯到利科》,《中国社会科学》2019年第6期。

方各执一端，甚至因抵牾而恶言相加，却无定论。如此事实充分证明，阐诠同体，各为一面而已。训诂与义理、诠释与阐释，终究是共存共在，命运一途。坚持以诠为上之大儒，以阐为上之巨匠，或由诠起而及阐，或由阐起而归诠，无可辩驳地证明，训诂与义理、诠释与阐释，对立中的相互渗透，矛盾中的相互融合，是基本规律。历史整体的不可分割，成就了对立双方。训诂与义理、诠释与阐释，本身就是辩证的统一。辩证法的力量不可抗拒。

二、对立何在

辩证法的意义上，训诂与义理、诠释与阐释相互依存与转化，不可分割。但是，它们首先是对立的，因对立而存在且相互转化。训诂与义理、诠释与阐释的对立是深刻的。了解和把握其深刻差异，对立的转化才为可能。两者对立自古就有多说，但从阐释学的意义分析，训诂与义理到底对立在哪里？《四库提要经部总叙》有一个概要评述，①此评述极为精当。皮锡瑞评注：

> 案二千年经学升降得失，《提要》以数十言包括无遗，又各以一字断之。所谓拘者，两汉之学也；杂者，魏、晋至唐及宋初之学也；悍者，宋庆历后至南宋之学也；党者，宋末至元之学也；肆者，明末王学也；琐者，国朝汉学也。②

①参见纪昀总纂：《四库全书总目提要》，2000 年，第 49 页。
②皮锡瑞著，周予同注释：《经学历史》，第 254 页。

我们高度赞赏,《经部总叙》撰者将二千年经学历史分为六个阶段,并用“升降轮加”概括其过程,品评其得失在拘、杂、悍、党、肆、琐,有历史感,有辩证精神。特别是“以一字断之”,敢于立足于精准而非虚言推诿。虽嫌疑鲁莽,然史家敢于断史、定史之真诚可嘉。但是,以当下的眼光看,此类品评只是中国古代的学术直觉,而非现代阐释学的理论衡准。它只停留于对前人治经的不同旨趣与风格的感受,而无哲学路线与学术范式的比较。其拘与琐、杂与肆、悍与党,批评了各类阐释结果的缺失,而无正当阐释方法的成功性总结。我们认为,从训诂与义理,进而为诠与阐的差异和纷争看,其要害无非为三:

第一,目的观不同。训诂与义理、诠与阐,治经目的完全不同。训诂是追索前人及经典的本来面目,郑玄曰“元义”。其“念述先圣之元意,思整百家之不齐”,①是训诂目的之准确表达。所谓“述”,即为孔子“述而不作”之述。所谓“元意”,乃原义、本义也。郑玄为古文经学代表,欲整除己之以外,天下各家对经典元意理解和阐释的芜杂,达及以元义为“齐”。即以经典本义、元义为准,一统百家之言。此为古文经学欲求之目的,亦为汉学治经之宗旨。义理则相反。义理之求不在本义,而在“微言大义”。在目的观上,训诂与的阐释的差别,以下两点为要害。

其一,训诂是向后看,是讲文本之“有”,而非所无。如此提

①束世澂编注:《后汉书选》,第101页。

法,不仅是指“诂”之本义为古,更重要的是,训诂是对文本已“有”内容,以其可靠的方法予以诂考,实证其有,包括对古代经典的文本复原、本义确证、作者意图之把握,皆为训诂追索的主要方向。对当下文本的考稽也重于已有意义,而非未有意义。义理则不同。义理是向前看,重在追求已有文本之所“无”,文本蕴藏的意义可能,讲已有文本没有的话,衍生以至生产其所无,以期扩大、伸张文本当下及未来的意义和力量。从这个角度讲,训诂与义理不仅是方法问题,而且是阐释观念问题,即以何种目的与立场处理对象,然后才是如何处理的问题。

其二,训诂为语义实证,阐释是意义假设。传统的训诂方法很多,形训、声训、义训等等,皆为语义实证。所谓经文,以文载经,文之不文,经何存哉?戴震有言:“有一字非其的解,则于所言之意必差。”①据此,训诂的首要标准,是语义的精准与确切。求字之的解,是训诂之本任。训诂的精神指向,无论注疏、正义还是集解、传述,皆在“穷经”,即锁定经典本来面目,以此与“穷理”相抗。阐释则不同。阐释重在冲破旧义以至本义,言前人未说之言。以此为目的者,不重语义考究,一心生产意义,舍此则无阐释可言。譬如郭象注《庄子》:“鹏鲲之实,吾所未详也。夫庄子之大意,在乎逍遥游放,无为而自得,故极小大之致以明性分之适。达观之士,宜要其会归,而遗其所寄,不足事事曲与生说。自不害其弘旨,皆可略之耳。”②郭象之言,可谓阐释精神的最好说明。求义理可无训诂而“师心自用”,可弃训诂而“虚

①《戴震全书》第6册,第478页。
②郭象注,成玄英疏:《庄子注疏》,北京:中华书局,2011年,第2页。

辞臆说”①,文本语义尽由它去,经典注我即可。由此可见,目的乃根本。目的不同,阐释之路径、标准、方法皆将不同。训诂之释就要穷索字词及经典本相,义理之释则要膨胀经典意义价值,截然不同的阐释路径,由此而分野。

第二,语言观不同。大致可以“言尽意”与“言不尽意”标识。这种差别,从孔孟、老庄起就有鲜明表达。所谓“言尽意”,是所言可表达所意,他人可在其所言中,准确领会和把握言者之意。孔子是其代表:“言以足志,文以足言。不言,谁知其志?言之无文,行而不远。”(《左传·襄公二十五年》)所谓“言不尽意”,是所言无法表达所意,他人亦无法以其所言准确领会和把握言者之意。庄子可为代表:“语之所贵者意也,意有所随。意之所随者,不可以言传也。”(《庄子·天道》)语言观对阐释路线的影响极为深刻。坚持言尽意的语言观,相信先圣之意可由字词准确表达,理解和认知只要训诂即可。坚持言不尽意的语言观,相信先圣之意无法被所言文字准确表达,猜测、假想,甚至以己之意强制于人,就是必然。更无论释者动机就是离弃超越文本,言本己所言,言不尽意只是借口而已。更进一步讨论,语言观是世界观。世界可知与不可知的信念,是决定阐释路向的深层力量。相信言尽意者,就是相信现象世界都是可以体察、认知,并用语言充分表达的。包括对精神现象的理解,皆可通过语言,清晰、充分表达,并被认知。于是,由言而入手,认知体察现象,在阐释学框架下,认知文本成为可能。相信言不尽意者,就

①段玉裁著,赵航、薛正兴整理:《经韵楼集》,南京:凤凰出版社,2010年,第25页。

是相信现象世界不是可以完备认知,并以语言准确表达的。尤其是精神现象,多义文字不可表达确定意义,多义文字蕴含的意义,不可能生产确定理解,于是,由言而入手,认知体察现象,在阐释学框架下,认知文本失去可能。如此不同的语言观,必然导致明显不同的阐释观。训诂论者坚信文本意义可知,因此而执着于返经汲古,通诂明道,不弃不离于字词考据,确立本义;义理论者坚信文本之义不可知,因此而执着于移花接木,得意忘言,鄙视拒斥训诂之学,尚意为本。

不同的语言观,生成两种不同治经方式,当然各有短长,但若极端下去,其弊当显,令人无法接受。执着于训诂是必要的。无训诂则无历史认知,无理解典籍之可能。但是,仅以训诂为认知终点,以前人旧识限制今人想象与创造,则主张知识主义的人,限制知识进步。张载有言:“学贵心悟,守旧无功。”①至于如徐幹所责,“鄙儒之博学也,务于物名,详于器械,务于诂训,摘其章句而不能统其大义之所极,以获先王之心”,②确为训诂之短。所谓“破碎支离之学”③,背离明词通道之初衷,此为训诂难有大势,义理之学不断发达的根据。执着于义理阐释更是必要。程颢说:“思索经义,不能于简策之外脱然有独见,资之何由深?居之何由安?非特误己,亦且误人也。”④古代经学历史证明,有创见的义理之学,是知识进步之源。但是,义理之道须有根基可

①张载:《张载集·经学理窟》,北京:中华书局,1978年,第274页。
②俞绍初辑校:《建安七子集》,北京:中华书局,2005年,第263页。
③皮锡瑞著,周予同注释:《经学历史》,第57页。
④程颢、程颐撰,王孝鱼点校:《二程集》,第1186页。

靠。语言文字之精准,是经典阐释的先决条件,如读书必先识字一样。随意蔑视抛弃训诂,以言不尽意为由,却又以言尽本已无端之意,似乎有些荒谬。问题很尖锐,主张言不尽意者,如何表达其意?如果不能尽意,如何让他人认知?就是所谓“言不尽意”之言,是否已然尽意?义理不可无训诂,阐释不可无诠释。不同的语言观各有道理,关键是要相互照看。程颐有言:“凡看文字,须先晓其文义,然后可以求其意。未有不晓文义而见意也。”①此为义理之求应该遵从的阐释规则。

第三,认知方式不同。训诂与义理、诠释和阐释,在认知方式和路线上,有各自不同的特点。认知以阐释而实现,阐释生成新的认知。不同的认知方式,倾向或偏好于不同的阐释方式,不同的阐释方式体现于不同的阐释过程之中。具体而言,三个方面的差别明显。

其一,训诂或诠释,视对象为认知对象;义理或阐释,视对象为价值基点。若以文本言,训诂将文本作为未知的、应该去认识和把握的对象,考察其文本自身,集中诠查使文本成为文本的要素全体,即文本所以存在的字、词、句、章等确切之义,由未知进入已知。在认识论意义上,对象为未知,认识的首要目标是,立足于对象本身,以对象为目标,展开认知过程,而非游离于对象,言无关对象之语。所谓对象是认知的对象,隐含了一个前提,即对象是可知的。此意味着训诂者确定,思维与文本存在具有同一性,文本只有尚未被认知的义与意,没有不可以被认知的意尤

---

①朱熹辑录程颐语,参见朱熹:《四书章句集注·读论语孟子法》,第45页。

其是义。由此,训诂诠释坚持“言以足志,文以足言”,“以字考经,以经考字”,①就有了哲学认识论的根据。义理阐释则不同。究义理者视对象为价值基点,而非认知对象。若以文本论,文本不须以知识对象被确证,只需作为意义发生的基点。对义理生产者而言,文本以价值体而存在,从释者主体需要出发,利用文本满足主体需要。如此,文本考释就不是客观性本义认知,而是价值考量。阐释以自觉或非自觉的价值假设为前提,解读和利用文本。文本是否具有价值,具有何种价值,完全由释者主观立场和偏好决定,文本阐释无定论可言,文本的不可知、不必可知有了合理根据,阐释的任意性与无边界约束就是常理,今文经学的谶纬之困,以至神秘主义倾向就是必然。“师心自用”“诗无达诂”,由此而沾染不可知论的浓重色彩。

其二,训诂诠释从确定对象出发,与对象关联紧密;义理阐释从既定理念出发,与对象关联松散。本质上是阐释的出发点问题。训诂诠释考察文本自身,以文本自身的实在为对象,认知对象为何物。尤如清儒,坚持“六经皆载于文字者也,非声音则经之文不正,非训诂则经之义不明”,②“由文字、声音、训诂而得义理之真”③。经义若明、若真,其声音、其文字必须要明、要真,经义与文本之字词紧密关联,不可须臾分离。这种相关性,用现代逻辑语言表达,在任意文本中,意义与文字关系为“相干蕴

①段玉裁撰,许惟贤整理:《说文解字注》,南京:凤凰出版社,2007 年,第 1350 页。

②钱大昕:《小学考序》,载陈文和主编:《嘉定钱大昕全集》第 9 卷,第 378 页。

③钱大昕:《臧玉林经义杂识序》,载陈文和主编:《嘉定钱大昕全集》第 9 卷,第 375 页。

涵”。用 p→q 表示，“p 相干蕴涵 q，当且仅当，p 与 q 之间具有某种共同的意义内容，使得由 p 可以逻辑地推出 q”。① 在这里，p 为文字，q 为意义，意义必须蕴涵于文字之中，由文字推衍意义，否则意义无效。义理不在意关联，甚至不考虑关联。文本有何义与意，与文本更与文本字词无关，义理者从既定理念出发，无端生产义理即可。义理由主观意愿决定，完全可将一己之意强制于对象，且无限膨胀，自成一统。如此，意义与文本毫无关联，所谓意义只是凭空臆造。正如朱熹所言：“今学者不会看文章，多是先立私意，自主张己说。只借圣人言语做起头，便自把己意接说将去。”②

其三，训诂诠释是收敛的，义理阐释是离散的。此点区别显著。训诂考究面向文本自身，面向文本的具体构成要素，其目的为文本之内的义与意。其思维路径是向内收敛，聚集点清晰。义理追索是面向文本以外，面向文本可能涉及的更广大世界，更极端的企图是无所不能的指涉任何现象，其思维路径是向外离散，无聚焦点可言。对前者说，面对文本，训诂的首要向度不在文本总体，也非文句蕴涵，而是聚焦于字词，最终落脚于“本字”。训诂者认为，文本由文句组合，文句由字词结构，字词以本字为根，以本字为根据，本义尚为可能。于是，“求本字”可为训诂之法的第一视角，文本之训诂，由求本字上手。足见训诂之思维路线向内聚合，集中于文本，尤其是构成文本之义的字与

①金炳华等编：《哲学大辞典》（修订本），上海：上海辞书出版社，2001 年，第 1642 页。

②黎靖德编，王星贤点校：《朱子语类》，第 2811 页。

词。① 对后者说,义理的首要向度亦不在文本总体,也非文句蕴涵,更非字与词的考证。义理者所求乃是,淡化以至消解正当理性与语言的习惯,放下对世界与现象认知的客观性束缚,达至彻底的主观性自由与超越。义理可以蔑视文本,论辩可以脱离现象,先秦惠施的"合同异"就是此类方式的样板。足见义理之思维路线向外扩张,离散于对象,自言其说的一般方式。当然,这种区别是相对的。训诂聚焦文本,要兼及更广大的语境,不会拘禁于字词本身。训诂也要兼及历史,尤其是文字历史,形、音、义的流变,这本身就有义理。许慎训"我":"施身自谓也。"段氏注:"不但云'自谓'而云'施身自谓'者,取施与我古为叠韵。施读施舍之施,谓用己厕于众中。"又注:"有我则必及于人。"②段氏之注,已言明我之本义,不在自我,而在自我之外,在众人之中谓我。用现代哲学的眼光看,所谓主体间性之义理,已十分清楚。段氏训诂,由训而入理,其思维路径由内而外,由聚而散,由小而大,训诂之义理明矣。义理亦如此。可靠的义理面向文本之外,也必然兼及确切的字词之义。郭象阐扬得意忘言:"夫象者,出意者也;言者,明象者也。"由概念上手,定义象为何物,实为训诂之法,然后才有"言生于象,故可寻言以观象;象生于意,故可寻象以观意。"③由字词之释而出大理。由此可见,收敛与离散各有不同,重要的是,短长互补,不作旧言,不作虚词。陆贾

①参见陆宗达、王宁、宋永培:《训诂学的知识与应用》,北京:中华书局,2018 年,第 41 页。

②段玉裁撰,许惟贤整理:《说文解字注》,第 1099 页。

③王弼、韩康伯注:《周易王韩注》,长沙:岳麓书社,1993 年,第 251 页。

所指“善言古者合之于今,能术远者考之于近”①,可谓收敛与离散相融相合的最好企望。

三、体系建构的完备性

讨论训诂与阐释的关系,目的是为中国阐释学建构的完备性做必要的理论准备。阐释的两条路线,训诂与义理的讨论与争锋古已有之,为什么今天还要老调重弹?亦有许多学者认为,训诂与义理的争论没有结果,阐与诠基本可以同义。这不是严肃的科学态度。作为具体的阐释实践,或阐或诠各有所需,作为学者偏好,完全凭任个人选择。但是,作为完备的学科体系,一系列基本问题,诸如中国当代阐释学,其本根在哪里,其完备形态如何构成,诸多具体方法的同与异,以及阐释的动力、目的、路径、标准,当下必须暂时普遍存在的某些“怪象”,都必须认真加以讨论和解决。所有这些问题,在西方,从古希腊至当代,在中国,从春秋至今天,也都没有解决。两条路线之争纠缠胶着,目的、标准、起点与落点争执不休。尤其从20世纪中期开始,偏向义理追求的本体论阐释学取向,极端贬低方法论的阐释学,片面而固执地强调接受及误读理论,放弃边界约束的说法,长期引领了包括中国在内的世界阐释学研究潮流。如何解决这些问题?笔者的意见一以贯之,坚持以下三个基本认知。

第一,以民族语言学为基点,建构中国形态的阐释学。从语

---

①陆贾撰,庄大钧校点:《新语》,沈阳:辽宁教育出版社,1998年,第3页。

言和思维的关系讨论,我们赞成以下认知:

其一,阐释是语言的阐释。按照海德格尔的观点,阐释是存在。人因阐释而此在。海氏又言,语言是存在的家园。由此,阐释是语言的阐释就是必然。阐释者面对现象,经由理解和认知,进而表达与人,并在表达中持续理解与认知。此过程皆为思维与语言过程。极而言之,哪怕阐释主体是默想与默诵,语言依然发生作用,承载人的理解与认知,实现一种内在的私人阐释(如果存在私人阐释的话)。准此,无语言无阐释。阐释学之建构当然要以语言学为基本要素。

其二,语言是民族的语言。语言决定或影响思维。德国语言学家洪堡特指出,语言是民族精神的外在表现,“民族的语言即民族的精神,民族的精神即民族的语言,二者的同一程度超过了人们的任何想象”。① 萨丕尔-沃尔夫关于语言与思维关系的假设,尽管有多种理解,但无论是语言决定论还是相对论,不可否认的共同点是,语言决定或影响思维。不同语言间的差异是本质性的,使用不同语言的民族,其思维方式不同,从而对世界的认知不同。有人将此概括为两点:一是所有高层次思维都依赖语言。二是,习以为常的语言结构影响着人类理解环境的方式,讲不同语言的人具有不同的世界图式。② 汉语的思维决定了汉族文化传统的基本走向,决定了文化经典的主流思

①威廉·冯·洪堡特著,姚小平译:《论人类语言结构的差异及其对人类精神发展的影响》,北京:商务印书馆,1999 年,第 52 页。

②参见陈保亚、田祥胜主编:《语言学经典精读》,北京:高等教育出版社,2016 年,第 273 页。

想与呈现方式,决定当代文化阐释的理解与表达。语言与思维方式的影响是无法抵抗的,它以潜意识的形式存在并持续发生作用,贯穿于认知与阐释的全部过程。这种作用,有积极的一面,也有消极的一面,了解和把握因为语言及思维定式对理解和阐释产生的影响,是思想与学术进步的前提。阐释是民族思维的阐释,或曰阐释经由民族思维而实现,理由与根据充分。

其三,阐释以民族语言展开。包括对其他民族优秀精神成果的学习与借鉴,也要经由本民族语言而实现。在民族范围内阐释,以同民族成员为对象,民族语言是主要手段。以其他民族成员为对象进行阐释,大概率是以双方共同接受的语言展开,同样是以民族语言展开阐释。在不同民族的思想交流中,要将他民族的语言转译为本民族语言,英文或德文经典要译为中文,才可能为中国学者所阅读和理解;就是能够阅读外文原著的人,也要转换思维,所谓以文本源语言理解经典原文,才能够有真正的理解。这同样肯定了,理解和阐释要以民族语言实现和展开。

以上三点集中说明,建构当代形态的中国阐释学,必须以汉语语言学为基本出发点。西方的阐释学是以西方语言学为基础建构的。西方语言学的一般规律,它所蕴含和表现的思维图式与方法,决定了西方阐释学是西方的。学习和借鉴是绝对必要的,抑或是建构中国阐释学的重要参照点与生长点。但是,语言决定思维,思维决定阐释,阐释是民族的,阐释之学亦是民族的,汉语语言学的研究是中国阐释学的基础性要素,此判断当为不谬。

第二,训诂是民族语言学的核心方法。我们必须理解,当代训诂学已不是古代训诂学的原始样态。黄侃定义训诂是“用语言解释语言”，开辟了现代训诂发展的新道路。时至如今，经过几代人努力，训诂由旧日只是“小学”的一个部门，发展成为有科学体系的汉语语义学的重要组成部分。当代训诂学的建构，在系统总结传统训诂经验事实的基础上，充分吸取现代语义学成果，不断创新方法，寻求规律，实现了根本性变革。当代训诂学为现代语义学提供了更为可行，且具有普遍意义的操作方法，充实和丰富了现代语义学。正如王宁所言：“中国训诂学在理论建设过程中，对普通语言学的成果，既作了适合自身特点的吸取，又用自身的规律充实和丰富了普通语言学，特别是语义学。”①从阐释学的整体框架看，阐释不可无训诂，或曰语义考证与研究。语言文字的正确理解与定位，是一切阐释的前提。从古至今，无一例外。扩张义理是必须的，但义理扩张须以训诂为基础。梁启超说：“研究子书，非先有人做一番注释工夫不可。注释必要所注所释确是原文，否则‘举烛’‘鼠璞’，动成笑话，而真意愈晦。”②字、词之训，不仅是训诂学的基本功能，也是阐释学的基本方法和立身之本。东方如此，西方亦如此。本体论阐释学的创始人海德格尔，其诸多重要阐释都是从文字训诂上手的。譬如，他对“本源”一词的考据：

本源一词在此指的是，一个事物从何而来，通过什么它

①王宁：《训诂学理论建设在语言学中的普遍意义》，《中国社会科学》1993年第6期。

②梁启超：《中国近三百年学术史》，北京：中华书局，2020年，第374页。

是其所是并且如其所是。某个东西如其所是地是什么，我们称之为它的本质。某个东西的本源就是它的本质之源。①

更典型的如海氏对“存在”一词的训释：

这种解释始于罗马—拉丁思想对希腊语的汲取。ύποκείμευου［基体、基底］成了 subiectum［主体］；ύπόбταбιζ［呈放者］成了 substantia［实体］；бυμβεβηκόζ［特征］成了 accidens［属性］。这样一种从希腊名称向拉丁的翻译绝不是一件毫无后果的事情——确实，直到今天，也还有人认为它是无后果的。②

伽达默尔也是如此。他阐释莫里克的诗《灯》，就有如下训释：

这首诗是埃米尔·施泰格和马丁·海德格尔的讨论对象。它之所以使我们感兴趣，只是因为它是一个典型的例证。在这首诗里有一组看起来最为普通的词“Scheint es”。我们可以把它理解为“anscheinend”“dokei”“videtur”“il semble”“it seems”“pare”即似乎看起来、看样子等等。这种诗意的理解赋予它转义从而自有理由。③

①海德格尔著，孙周兴译：《林中路》，北京：商务印书馆，2015 年，第 1 页。
②海德格尔著，孙周兴译：《林中路》，第 8 页。
③汉斯-格奥尔格·伽达默尔著，洪汉鼎译：《诠释学》Ⅱ《真理与方法——补充和索引》，第 452 页。

是不是同中国古代的训释完全相同，让我们从中嗅到与许慎、段玉裁《说文解字》及注的同样味道？当然，这不是要求所有人都去做既训诂又义理的事情。从知识生产的角度说，有人专事考证，有人徜徉于义理，各有分工。在阐释学的总体框架下，训诂、义理双方，相互依重、借重，不可缺失。此乃循环，即众所周知的阐释的循环。

言及此，需要指出的是，有观点认为，由施莱尔马赫、狄尔泰起，至海德格尔、伽达默尔，西方阐释学已由一般方法论上升为本体论。构建中国阐释学，还讲训诂、讲方法，是一种倒退。我们认为，这个提法是片面的。其一，本体论与方法论不是判断理论高低上下的标准。本体论有本体论的价值，方法论有方法论的价值。而且，两者是统一的。本体论需要方法论的支撑，需要以科学的方法构建和展开自身。没有方法论就没有本体论。从阐释学的总体框架说，必须是本体论与方法论的统一。如此才有完备性可言。其二，中国的阐释学建构是不是一定要走与西方阐释学完全相同的路子。中国阐释学传统深厚。经学阐释的实践经验丰富而独特。汉语及汉语思维区别于其他民族。走自己的路，或曰走中国特色阐释学道路，是自立于世界阐释学之林的正确选择。

第三，坚持两点论的重点论。我们是两点论者，坚持训诂诠释与义理阐释的共在性。但更重要的是，我们是两点论的重点论者。在当今中国阐释学研究的大局之下，我们强调突出训诂语义学或语义训诂学的地位与作用，强调阐释的认知与真理性意义。必须正视的事实是，21 世纪以来，西方后现代主义思潮在中国本土大兴。阐释学进展的基本倾向是,本体论阐释学的影响甚至颠覆了我们的思维方式,一些理论主张流行大化,理论与文本的阐释,“脱略章句,陵籍训诂,坐谈空妙,展转相迷”,①已然为风气之上。尤其是对西方理论的模仿、传播,更有过之而无不及。改变这种状况和风气,我们坚持两点论,训诂与义理两者共进,不可偏废,同时,更加强调重点论,抓住当前矛盾的主要方面,以更大的勇气与力量,将训诂语义学摆到前沿位置,深入广泛地开展研究,扩大应用,推动语义训诂与义理阐释、本土阐释学与西方阐释学,优长互补,共存共进,在构建完备形态的中国阐释学上,将有大的进步。笔者反复表述过,从强制阐释论开始,我的出发点是,针对西方文艺理论的大化流行,中国学界无鉴别与批评的附和与跟随,从阐释学的角度,提出我们的一些意见,以引起各方警醒。但这并不意味,我们反对和否定对西方理论的学习与借鉴。我历来的主张是,以更开放的眼界和胸怀,学习世界所有民族的一切思想与理论精华,不断壮大和丰富自己,而不是弱化甚至消解自己。因此,在中国阐释学的当下建构中,我们优先方法论方向的努力,强调具有认知和真理性意义的阐释学构建,就有紧迫而现实的意义。

(原载《社会科学战线》2022 年第 5 期)

①朱熹:《中庸集解序》,载《朱子全书》第 24 册,第 3640 页。

“训诂阐释学”构想

“训诂阐释学”是学科建构方向的新设计。其目的是，充分发挥训诂学与阐释学各自的优势，互为根基，互为支撑，互为动力，为阐释学的发展奠定可靠的中国基础，为训诂学的生长开辟广大的现实空间。如此努力，训诂阐释学将以系统完备的新学科形态，位列人文领域，为文、史、哲等学科的交叉融合提供新示范。

一、缘起

训诂学与阐释学，本是两门功能与目标相近的古老学问。前者由古代东周萌芽初长，及至当代已成为与计算机科学深入结合，释读古代典籍的一般方法。后者滥觞于古代希腊，及至当代已成为立足于人文与社会科学之上的本体论学说。长期以来，两学科各自独立，相互疏离，特别是在中国古代，阐释方法体现为义理方法，两者在各自独立的发展中，遇到诸多困难和问题。其核心一点是，训诂学的阐释能力需要提高，阐释学的训诂约束需要强化，两者洽切会通，训诂阐释循环出新，训诂方法为阐释提供可靠基础,阐释方法为训诂开辟可能空间。由此,两个学科的独立优势可为共同优势,不同的困境皆可纾解。更重要的是,训诂学优势恰是阐释学弱势,阐释学优势恰是训诂学弱势。两者有机融合,相互补充,相互支撑,相得益彰。一加一远大于二。此为设想建构训诂阐释学的出发点。

训诂学的优势是,就文本理解而言,训诂由字词考证入手,识本字本义,得文本之真相。这是一切文本阐释的根基。训诂学立足于此,话语建构的确定性、可靠性强。训诂方法是中国古代经解的基本方法。两千多年的实践,虽有起落,甚至大起大落,但训诂的基本精神贯穿至今,方法不断丰富,特别是由清初至现代,经过乾嘉与章黄学派对训诂理论的改造与提升,训诂学本身有了重大进步。训诂的弱势是,自训诂发生,全力集中并停留于字与词的专门考究,由此而生出释义离散及碎片化倾向。如汉末魏初学者徐幹言:"凡学者,大义为先,物名为后,大义举而物名从之。然鄙儒之博学也,务于物名,详于器械,务于诂训,摘其章句而不能统其大义之所极,以获先王之心。"①此言虽有偏颇,但大致不错。至于今天,因时代变化,世情移易,训诂之学虽有进步,但在西方话语为主导的当代阐释学理念冲击下,缺失应有的阐释能力,无法挺进人文学科前沿,影响难以扩大。

阐释学的优势是,开放、多元、创意取向积极,随历史与语境演进,集中义理创见,生产超越文本的阔大意义。中国古代的义理之阐,自先秦始,经前汉今文经学再起,至近代康有为、廖平,

①徐幹:《中论》,俞绍初辑校:《建安七子集》,第263页。

发扬和发明文本义理,传统浩大,成就非凡。无超越训诂的义理之阐,就无今天面貌的中国思想史、文明史。阐释的弱势是,对经典文本的阐释,轻视和放弃本义之识,放任阐释者生产任意话语,其确证性与可靠性遭致怀疑。就西方阐释学的主流观点说,张扬阐释的主观随意性,认为文本意义由读者决定,文本意义由读者赋予,读者强制文本和作者说读者想说的话。譬如,费什坚定地认为,"作品中的一切——其语法,其种种意义,其种种形式单位——都是解释的产物,它们绝不是'实际上'给定的",① "意义的产生与否都取决于读者的头脑(思考),并不是在印成的篇页或书页中去寻找"。② 尤其是文学文本阐释上长期流行的读者中心论,主张作者、文本与阐释无关,一切阐释皆无确定性可言,以阐释者的主观理解为据,任意生产与文本无涉的私人话语,作者死了,文本死了,理论家、批评家却作为读者活着,无边界、无约束的阐释,是阐释的最高形式,是唯一合理与正当的阐释。更进一步,这种以文学为对象的阐释观,与哲学、史学等其他领域的同类话语相杂糅,以文学的理解和阐释方法解构颠覆历史,否定历史事实的确定性认知,否定对任何哲学思想确当可靠的理解,成为当代阐释学的主流。如此倾向,使当代阐释学陷入难以自拔的困境。防止和克服无正当约束的阐释,及必然发生的相对主义、虚无主义、神秘主义,成为阐释学研究的重要课题。中国古代也有自己的读者理论,走得比西方更远。所谓"六经注我",以本己之意重构经典,史上早有评述。更值得注

①参见特雷·伊格尔顿著,伍晓明译:《二十世纪西方文学理论》,第 83 页。
②斯坦利·费什著,文楚安译:《读者反应批评:理论与实践》,第 150 页。

意的是，以现代版权意识为衡准，断言诸如文本的版权不仅是书写者的，同时也是读者的。苏轼直接将杜诗引为己诗，“爱国志士文天祥则不仅赞同这种诗歌文本的产权共享，甚至怀疑原作者享有产权的合法性”。① 如此阐释理念，与训诂精神对立尖锐。

出路在哪里？就克服当代阐释学的弱势而言，出路在强化训诂意识，引进训诂方法；就克服古代训诂学的弱势而言，出路在强化阐释意识，引进阐释方法。阐释学与训诂学相融相合，择优会通，使训诂成为受到阐释学精神浸润的训诂，阐释成为汲取训诂学精神的阐释，两者浑然一体，为训诂学开拓当代阐释空间，为阐释学扎牢训诂基础。

训诂阐释学基本构想由此而缘起。

二、学科方向

学科建设，首要任务是定位方向。训诂阐释学的发生基点何在，方向和目的何在，这是必须优先解决的问题。要依据训诂与阐释两个学科的各自优势，约束和阻碍其发展的问题，以及会通融合之后的整体功能与作用，确定训诂阐释学的学科方向。我们的设想是，所谓训诂阐释学，其基本路线起点于训诂，通达于阐释，构建于学科。即以训诂为起点和方法，以真理性、可靠性、融贯性为准则，坚持由训而阐，由阐而训，反复循环、螺旋上

①周裕锴：《中国古代阐释学研究》，第310页。

升的正当路径，最终达致根基牢靠、创造新知的尚意之阐。经过长期实践和理论统合，建立起学科特色鲜明，具有广泛应用意义的训诂阐释学。由此而区别于以阐释为起点，回归于训诂的阐释训诂学，以及流行于今的各类阐释之学。

训诂不同于阐释，要害在哪里？所谓阐释之阐，《说文》引《易》曰“阐幽”，①意在明隐幽之理。《玉篇》：“阐，大也。”②《易·丰卦·象》孔颖达正义：“阐者，弘广之言，凡物之大，其有二种，一者自然之大，一者由人之阐弘使大。”③阐为义理之阐，无大歧义。所谓训诂，孔颖达定义：“诂者古也，古今异言，通之使人知也；训者道也，道物之貌以告人也。”“然则诂训者，通古今之异辞，辨物之形貌，则解释之义尽归于此。”④如此定义，明显区别于阐。辨于形貌，通于异辞，足于解释，流于表面，非究义理，非穷大道，此为训诂之要，亦为解释之要。⑤ 由此看，阐释与训诂的区别是清楚的，无须引经据典，再作常识性的话语堆砌。我们要解决的问题，是训诂与阐释的关系。可集中为三点。

第一，从根基说，训诂为先。训诂本身的性质与功能决定，无论是具体的阐释活动，还是阐释的整体过程，当以训诂为先。

①许慎撰，段玉裁注：《说文解字注》十二篇上，第588页。

②顾野王：《大广益会玉篇》卷十一，北京：中华书局，2019年，第376页。

③王弼、韩康伯注，孔颖达正义：《周易正义》，载阮元校刻：《十三经注疏》，第67页。

④毛亨传，郑玄笺，孔颖达正义：《毛诗正义》，载阮元校刻：《十三经注疏》，第269页。

⑤参见张江：《“解”“释”辨》，《社会科学战线》2019年第1期。

训诂是解释。解释的本义是以分析之法，从破解对象细微之节上手，庖丁解牛式地分裂文本，一字一词地说明并实证字词本义，所谓“解释之义尽归于此”，就是训诂及训诂学为自己确定的根本任务。孔颖达为什么用解释一词说明训诂，而不用阐释说明训诂？我们可以将其阐发为孔颖达自觉区别解释与阐释的表现。他清醒认知，训诂以解释为宗，赋予训诂以特殊功能和作用。人类的文字运用及词义理解永无止境。旧词自不必说。尤其是新的字词，譬如，网络上不断产生并流行的新词，如无严谨训诂，如何认知，如何流行，如何进入历史？人类生产言语，进而制造文字，是为了表达、说明，且记录对自我、世界，以及他人的理解，是基本的阐释形式。没有文字词语的确切表达与把握，如何表达自我？阐释如何实现？训诂以文字之形、音、义为标的，为求意、识理、循道，提供基准和前提。训诂信仰言可尽意，重在字词精准。这是人类所以造字、用字的基本精神。此精神由古至今，从岩上简划到甲骨刻痕，从先秦统一文字，到五四白话改革，一以贯之，训诂千年坚守，使阐释成为可能。无论从历史，还是从逻辑，我们都可以认定，不识字无书文，无训诂无阐释。阐释的起始，训诂为先。

第二，从目的说，通达义理。训诂是阐释的基础，是阐释学的重要组成部分，不可或缺。但阐释绝非训诂一途，不可停留于训诂。训诂方法繁多，基本取向是经典本义。在知识论意义上，是说明和实证已有知识。阐释本图大义，且先不论其真假对错，其核心取向是创造和发明没有的知识，并由此而区别于训诂。皮锡瑞说：“王弼《易注》，空谈名理，与汉儒朴实说经不似。”①郭象本人也明确，阐释之目的在大义而非小节。注《庄子》鲲鹏之意时便说：“鹏鲲之实，吾所未详也。夫庄子之大意，在乎逍遥游放，无为而自得，故极小大之致以明性分之适。达观之士，宜要其会归而遗其所寄，不足事事曲与生说。自不害其弘旨，皆可略之耳。”②如简单以今古文经学比照，古文经学认定“六经皆史”，当以整理古代史料为首要任务，偏重名物训诂，证明孔子是之所是；今文经学认定“六经致用”，当以通经致用为首要任务，偏重微言大义，发明孔子应为所是。两者虽有相互渗透，但阐释以义理发扬为本，非囿于字义训诂和形貌说明。当然，此类尚意之阐，不受阐释对象的束缚，一定会对原有经典之本义有所曲解甚至歪曲，但是，它创造新哲学概念和命题，赋予经典以新的时代性和生命力。义理通达乃阐释最高目的。

第三，从具体操作说，体用兼备。在完备的阐释学体系中，训诂与阐释不可偏废，但就具体的阐释活动而言，阐释主体不必是全面的，每一次的阐释活动更不必求全责备。或偏重训诂，或偏重阐释，以至穷极一生，均无不可。前者如许慎、段玉裁，后者如王弼、康有为，都可为阐释学发展有大贡献。但是，完备的阐释学体系不可偏废任何一方。一种观点认为，当代西方阐释学已是本体论形态，方法论的追求应该淘汰。此论有失公允。本体论与方法论的相互关系无须在此讨论。作为完备体系的阐释之学，方法论是必须备有的核心要素。以知识论的观点看，任何一种知识体系能够被广泛接受，一要可靠，二要能用。它要有本

①皮锡瑞著，周予同注释：《经学历史》，第163页。
②郭庆藩撰，王孝鱼点校：《庄子集释》，第3页。

体论的表达，即此知识所表征的对象为何物，从哪里来，往哪里去，如此本源性认知相对清晰，此为可靠。它要与方法论适洽，以方法论所赋予的路径、规则、范式为准，获得更广大的新知识，此为能用。作为完备体系的阐释学，之所以完备且能成其为学，从大的框架说，本体论与方法论当应皆备。古今中外，史上由训诂而义理，由诠释而阐释的成功范例很多。由此路径，为训诂开辟广阔道路，为阐释扎下可靠根基，训诂阐释学的建构意义正当合理，学科方向定位明晰恰切。

三、系统方法

训诂阐释学之为学，应该具备学科自身的方法论基础及相对完备的方法体系。阐释立足于训诂，训诂达及阐释，既要有训诂的方法，也要有阐释的方法，更重要的是两种方法的交叉融合与合理运用。中国古代的训诂方法丰富多样。在字词本义的认证上，以形索义、因声求义一类的方法早已成熟，至于作为诠释或解释的基本方法，古代学人多有创造，诸如说解、传注、章句、注疏，以及由此而涉及的文字学、考据学、文献学、金石学等等，为后世所标举。诸多经典体式，譬如“诂训传”体，以毛亨《毛诗诂训传》为代表，后人总结：“《毛诗》在解释体式上，既有‘诂训’二体，可以从文本出发，作语言解释，使整个解释建立在可信可靠的基础上；又有‘传’体，可以从现实出发，作心理解释，使整个解释能阐发出文本所蕴含的义理。而特别难能可贵的是，《毛诗诂训传》的作者们还努力使‘诂训’体与‘传’体有机结合,形成新的‘诂训传’解释体式。”①总体上说,中国古代训诂或诂训的方法比较丰富和完备,为训诂阐释学奠定了深厚基础。阐释义理的方法总结,似乎比较薄弱,起码未如训诂方法那样多样完整,但实践经验及其累积同样丰富而深厚,为阐释方法的一般概括和提炼,准备了充分条件。从基本理念上说,所谓“诗无达诂”“得意忘言”,为无源头、无标准、无约束的义理阐释提供了强大辩护。在具体方法上,以下几点可资讨论。

第一,立旨为先。义理之阐,立旨在先,寻证为后。旨主其证,证从其旨,亦可谓旨为证之领,证为旨之仆。如此路径,优长在阐释主体有明确、清晰的理论标的,意向坚定,路径简洁,可以作超越文本的广大判断。此为阐释扩张的基本纲领。所谓创造,立旨既是方向,亦为动力。王弼、郭象,二程、朱子,康有为、廖平,皆因此道而独立一方。

第二,不任其辞。阐释非训诂,不拘一词一句,为求大道,可脱离字词,“出于其外”,达于至理。此为阐的基本手段。同为《春秋》释本,左丘明以史说经,重在本事。董仲舒志在“大一统”,破《春秋》通辞,从变而移,于定辞之外生出词句未有之意,“然后可与适道”,②为义理之阐另辟新途。

第三,弃言悟意。始如《周易》“书不尽言,言不尽意”;③再如《庄子》“意之所随者,不可以言传也”。④ 于是,阐释不可尽

①周光庆:《中国古典解释学导论》,北京:中华书局,2002年,第184—185页。

②苏舆撰,钟哲点校:《春秋繁露义证》卷二,第51页。

③王弼、韩康伯注,孔颖达正义:《周易正义》,载阮元校刻:《十三经注疏》,第82页。

④郭庆藩撰,王孝鱼点校:《庄子集释》,第495页。

信于言，弃言悟意，便是正理。至于佛学，“故知圣道幽通，言诠之所不逮；法身空寂，见闻之所不及。即文字语言，徒劳施设也”。① 由此，抛弃文本，面壁顿悟，便可生意。其意在脱离文字，任从顿悟。

第四，时情交移。理解是时情框架规定的理解。经典文本生于前代，前代世情决定文本为此文本。著者为世情所染而言而文，自有其定向之意。后来者阐释，借文本立旨，将此时情交移于彼时情，将此时情规约之感悟赋予彼时情之生成，并以此为彼时情文本之意，达及阐释目的。用当代语言说，交移时情乃变换语境。文本意义是确定语境下的意义。语境确定，意义确定。变换语境，意义必有改变。文本的广义理解，意义的生成，由语境决定。义理之阐，旧文新理解，皆为语境变换所起，由此新意成为可能。时情交移，是阐可为阐本根之法。

第五，诗史共意。此处称史代表文学以外的其他各科，譬如，经、史、子部，包括以《诗经》证史及尚意。孟子言：“《诗》亡然后《春秋》作。”②于是，诗与史互为表里而利用，史、诗共意，进而以诗史互证，以诗证理，便为正途。以史证诗，为诗的理解与阐释提供历史背景与证据，可视为大的训诂手法。以诗证史则为另途。诗及一般文学文本，与经与史有本质差别。以诗证史，诗歌不再是虚构的文学文本，不复是想象与情感的艺术载体，而被当作真实的历史事实与记录，为史、诗共意开辟新途径。如此，以诗为史，即以想象虚构历史；以诗证理，为义理之阐敞开大

①净觉：《楞伽师资记》，《大正新修大藏经》第85册，第1286页。
②赵岐注，孙奭疏：《孟子正义》，载阮元校刻：《十三经注疏》，第2727页。

门,以至成为传统。著名者有以“窈窕淑女,君子好逑”为后妃之德。① 上述训诂与义理方法各有长短。训诂阐释学力主将两者之方法系统组织起来,实现两种方法的互补互证。此种取向,历史上多有成绩。经学大师郑玄就是一例。郑玄本于古文经学,遍注群经,是为训诂之“诠”;与此同时,他贯通天人古今之道,阐发礼乐文明要义,又是义理之“阐”。郑玄经学的历史价值,源于对训诂与阐释的融会贯通。朱熹既重训诂更重阐释:“若不从文字上做工夫,又茫然不知下手处;若是字字而求,句句而论,不于身心上著切体认,则又无所益。”②朱熹强调并践行了二者结合且由训诂而入阐释的正当路径。至于戴震,于此更是大进一步。其言:“凡学始乎离词,中乎辨言,终乎闻道。离词则舍小学故训无所藉,辨言则舍其立言之体无从而相接以心。”③此论已是方法论层次的总结与提炼,当为训诂阐释学系统方法的可靠参照。

由此看来,训诂阐释学系统方法的建构,首先要全面客观地总结中国古代训诂与义理两者的思想与思维方法,在深厚广大的实践经验中,找到具有一般意义的规则或规律。同时,要比较西方古典学、阐释学的经验,学其优长,在比较和借鉴中不断有所成就。主张训诂,不是要简单回到训诂,也不是停留于戴震,而是要推进训诂的现代化及其有效应用,为训诂发展注入活力。

①毛亨传,郑玄笺,孔颖达正义:《毛诗正义》,载阮元校刻:《十三经注疏》,第 273 页。

②黎靖德编,王星贤点校:《朱子语类》,第 435 页。

③戴震撰,赵玉新点校:《戴震文集》卷十一《沈学子文集序》,第 165 页。

四、学科素养

学科建设,以学科为中心展开研究、培养专业人才,必须注重学科素养的培育和养成。所谓学科素养,是本学科学习和研究者应该综合理解把握的学科主旨与学理品格。有此素养以至素养丰沛,学习和研究方有动力基础和进步可能。训诂阐释学的学科素养,除了包含普通的古代文学、史学、经学,以及必要的哲学和逻辑素质外,我们特别强调此新学科应当具备的三个特殊素养。

第一,训诂精神。训诂是一种精神。其基本构成是,真理性、确证性、创造性的不懈追求。上千年的训诂史,一切进步皆以此为动力,皆因此而有所作为。其一,真理性。此为认识论问题。训诂由求真而起。孔颖达对训与诂的定义,就是求真。所谓"通古今之异辞",就是寻求异词同义,异形、异音同义相符,与符合论的真理论一致。所谓"辨物之形貌",就是说解文献中名物词的真实样貌,使人之认识与对象形貌一致,亦为符合论的真理性追求。对古代典籍的诂训,"以意逆志"的指归,求的亦是立言本真。如此真理性追求,在哲学认识论上以可知论为基点,即接受和相信世界是可知的,人类有能力充分展开自己的理性,实现或趋近对世界包括精神世界的确当认知。这是训诂之所以有,之所以在的根本。坚持真理性认识,以实事求是而自律,此为训诂精神之第一要义。其二,确定性。此为语言观问题。两种不同的语言观,"言尽意"与"言不尽意"一直对立相抗。训诂者相信，言能尽意，古字异音皆可考证认知，并由此而知字、音之本义。多义之字，在确定语境下，有确定之义，在整体章句中，确定之义的字词，有确定之意。这看起来似乎有些偏执。但训诂学认为，文字创造本身，其目的和作用皆以确定性可能为基准。我们为什么造字？造字的目的就是要把确定的意义确定地表达出来。因为理性能力限制，原始文字简单粗陋，历史进步了，文字丰富多义，但多义的本质和生成动力，亦是为了确切表现和传达确定的认知。确定性精神，是文字内蕴的本来精神，从于此事业的训诂，当然执着并成就于此。其三，创造精神。一般认为，在意义阐释上，训诂落于本义再现，且常常陷于破碎烦琐，少创造精神。但此仅为一面。整体上衡量，训诂自有其创造，且因为创造，训诂才有今天。回头看训诂历史，训诂的方法不断地有所进步发明。训诂学的萌芽，最早生成于东周。其训诂不过是古代文献中偶然出现的训释形式。而至战国秦汉，可以《尔雅》《说文》为代表，系统的、完整的注释书和训诂专书出现，训诂方法已渐丰富。经过长期的实践和探索，及至清代，以戴震为代表的乾嘉学派，将训诂方法提高到一个新水平，理论化、体系化进步明显。20 世纪初，章黄学派确定了训诂学以形训、声训、义训为主要内容的训诂学框架，训诂学以汉语语义学的面目走进现代。21 世纪以来，在训诂及语言学界的努力下，古老的训诂学发生巨大变化，新的理论和方法不断出现，特别是对大数据方法的采用，使训诂学的面貌焕然一新。创造精神当是训诂精神的重要组成方面，是训诂阐释学应该坚持和发扬光大的精神。训诂精神的养育，是新学科建构与展开必须具备的基本素养。

第二,公共自觉。阐释是公共的。阐释以实现其公共性为目的和价值标准。训诂是阐释的重要方式,其有效与合理性,同样以公共性实现程度为鹄的。如此,公共自觉当是训诂阐释学的基本学科素养。阐释之公共性内涵丰富而广大。① 从学科建设的意义说,公共自觉重在方法上的相互汲取。其一,就训诂学说,自觉的方法公共,既将训诂方法更广大地推向原有领域以外,为一般的阐释行为所接受,并逐步成为阐释的基本思维方式,又掌握和运用义理方法为训诂所用。义理方法第一条就是"立旨为先",诸多阐释经常因此而陷入"强制阐释"而难为共识。乾嘉学派对汉学承继与兴盛贡献甚大,其代表人物戴震,训诂考据以"实事求是"为纲。然而胡适却另外指出:"假设不大胆,不能有新发明。证据不充足,不能使人信仰。"②这与立旨为先的义理方法一致。由此启发,自觉方法的公共,就是各种有助于"使人信仰"的方法都要尽力采纳,不应该偏执地独为一统,拒采其他有效方法,对最终达及阐释的训诂而言,此尤为重要。其二,就阐释学说,特别是因当代西方阐释学之影响,阐释对训诂的疏离,阐释落于无根据的概念推演,注重汲取训诂的理念和方法就显得更加重要。清代训诂力求"公论",主张"不以一己之意为是,而必求诸古今之公论"。③ 在钱大昕及乾嘉学派看

①参见张江:《公共阐释论》,《中国社会科学》2022 年第 11 期。

②胡适:《清代学者的治学方法》,欧阳哲生编:《胡适文集》第 2 册,北京:北京大学出版社,2013 年,第 274 页。

③钱大昕:《虞东学诗序》,陈文和主编:《嘉定钱大昕全集》第 9 册,南京:凤凰出版社,2016 年,第 359 页。

来,所谓"公论"与"私意"区别甚大。欲求公意,戴震主张"十分之见",即"必征之古而靡不条贯,合诸道而不留余议,巨细毕究,本末兼察",反对"依于传闻以拟其是,择于众说以裁其优,出于空言以定其论,据于孤证以信其通",①以此而保障其阐释为公共接受。义理或阐释应该汲取和融汇训诂理念和方法,使阐释建立于可靠的训诂基础之上。其三,就训诂阐释学而言,训诂与阐释方法非完全对立,而是相互依存且相互转化。如何转化?训诂与阐释的循环是转化并促进提高之正途。从起点与终点的关系看,训诂是起点,阐释为终点。清代有人表述为训诂—义理—得道。这只是一个具体阶段的描述。实际的阐释过程,是三者总体相互渗透,循环往复,螺旋上升,不会停留在某一环节而不前。阐释的循环,是西方阐释学的核心概念。中国古代的训诂循环,由字而词,由词而句,由句而章,循环往复,互文互证,已是惯例。扩而张之,由训诂而义理,由义理而得道,同样是循环往复的无限过程。每一次回复不是简单地回到原点,而是由道看义理,由义理看字词,新的理解不断生产,阐释不断上升,阐释的公共性得以实现和扩大。重要的是把握循环的本质意义,自觉地推进循环。

第三,范式意识。范式有多种表述。此处就学科共同体一致认可和接受的模型或模式,对训诂阐释学的范式意识作简单讨论。训诂阐释学,作为以方法为主要取向的新学科,范式建设就显得特别重要。针对学科基本建构讲,共同认可的范式,是散

①戴震:《与姚孝廉姬传书》,《戴震文集》卷九,第141页。

漫理论集中为学科的重要标志。没有可靠的范式起点,就没有学科建构的完成。针对学科本身的进步能力讲,可以引导学科以正确的方向稳步前进,而少犯路径错误,增强解决学科重大问题的核心能力。进一步的难题是,训诂阐释学既要解决两个学科本来需要解决的问题,也要解决学科融合以后共同面对的问题,没有新的共同范式,以及从理念到方法的系统建构,就难以发挥新学科的作用,训诂与阐释依然各行其道。学科交叉融合,首先是新范式的建立。其一,基本理念的整合。训诂和阐释均有本学科的习惯理念。训诂偏好于向内集中思考,找到事实证明的确凿点,把握片段本真。阐释倾向于向外发散思考,放弃片段及细节,抓取义理可能的爆发点,扩张精神可能。两者融合一体,共用所长,由此而既有训诂的扩大,又有阐释的可靠,此类理念应为曾经各自远离的学术共同体所一致接受。其二,一般性方法。诸如,前面提到的立旨在先,认证在后的思维与运作方式,胡适定义为大胆假设,小心求证,前者为义理阐释的上手方式,后者为训诂的中心方法,如此结合,可否成为共同接受的一般方法?同是《春秋》释本,左丘明与董仲舒显著不同,训诂阐释学如何综合与归纳,形成具有一般意义的模式与方法?其三,核心概念的归纳与证明。学科话语框架以自己完整的概念体系为支撑。这有两个问题。一是,概念的提炼。中国古代训诂与阐释经验丰富,但独立的概念,尤其是义理阐释的概念,总结归纳不多,需要下功夫梳理和再建。二是,古代概念的现代化。最基本的是,如何以现代汉语无歧义地清晰表达。很多概念,譬如,“坐忘”“虚静”“涵泳”“浃恰”等等,都是极具当代阐释学价值的概念,但在现代汉语中很少出现,对当代人而言极为陌生,简单用来,很难推广。

训诂阐释学还是一个初步的学科概念,其完整建构与有效应用道路漫长。我们能够把握的一点是:这是一个有前途的设想。它是一个综合性学科,是人文学科,即哲学、历史、文学,完型一体的新理念、新方法。分类研究当然重要,但人文研究,其基本理念和方法的交叉、渗透、融合,是当今人文学科取得突破性进展的根本出路。当代阐释学本身就以此优势为长,与具有传统优势的训诂学相互支撑融合,打造新的训诂阐释学,其合法性可靠,其实践性可能,其成功性可期。

(原载《学术研究》2022 年第 12 期)